Mente, ¡déjame vivir!

Prácticos
Vivir Mejor

Eduardo Llamazares

Mente, ¡déjame vivir!

Descubre cómo disfrutar de tu vida sin sufrimientos inútiles

ESPASA

El papel utilizado para la impresión de este libro está calificado como **papel ecológico** y procede de bosques gestionados de manera **sostenible**.

Avinguda Diagonal, 662, 6.ª planta. 08034 Barcelona (España)
www.espasa.com
www.planetadelibros.com

Adaptación de la cubierta: Booket / Área Editorial Grupo Planeta a partir de la idea original de © Romeo Ediciones, © Sophie Güet
Primera edición en Colección Booket: enero de 2021
Segunda impresión: mayo de 2021
Tercera impresión: enero de 2022
Cuarta impresión: mayo de 2022
Quinta impresión: enero de 2023

Depósito legal: B. 19.925-2020
ISBN: 978-84-670-6139-0
Impresión y encuadernación: Liberdúplex, S. L.
Printed in Spain - Impreso en España

Biografía

Eduardo Llamazares es doctor en Fisioterapia y *coach* de personas muy mentales. Ha dedicado parte de su carrera profesional a mejorar la calidad de vida de los que sufrían dolor, insomnio y otras somatizaciones del estrés. Con gran afán de superación, ha conseguido cambiar una vida de sufrimiento e insatisfacción generalizada por un día a día vivido desde su autenticidad, vulnerabilidad y satisfacción interior. En este primer libro el autor comparte sus conocimientos y experiencias personales sobre el poder de la mente para aumentar la salud y la felicidad. Además, facilita las claves para reeducar la mente y disfrutar sin el sufrimiento generado por unos patrones aprendidos que en nada nos ayudan.

Si quieres más información y acceso a cursos prácticos que te pueden ayudar, lo encontrarás en:

www.eduardollamazares.com

Podcast: Mente, ¡déjame vivir!

@eduardollamazares

Eduardo Llamazares. Desbloqueando la vida

Eduardo Llamazares

Dedico este libro a todas esas personas que se resisten a aceptar una vida marcada por la insatisfacción y el sufrimiento.

Esas personas que vivieron unas experiencias y en unos entornos que golpearon su amor propio y no encontraron otra opción que amurallar su corazón. Esas personas que decidieron utilizar su mente como un chaleco salvavidas, a base de limitar su capacidad de sentir, intuir y decidir desde el corazón.

ÍNDICE

Tercera parte
Tu Jardín Compartido. Tu relación con los demás

Cuarta parte
Tu jardín exterior. Cómo tomarte la vida

Agradecimientos

Al dar consejo al amigo, no intentes complacer sino ayudar.

Solón

Quiero dar las Gracias a todas las personas que formáis parte de mi vida y me ayudáis con vuestros consejos y sinceridad. Sois muchos y conocéis mi gratitud por teneros en mi vida. De manera especial quiero agradecer a mi padre, mi madre y mi hermano. Habéis sido y seguís siendo mis maestros. También habéis sido mis principales fuentes de ese dolor tan sano que es el dolor de crecimiento; lo sabéis y os amo por ello.

También quiero dar las Gracias a aquellos que han contribuido y contribuís a que cada día todos podamos sentir mayor libertad de mostrar nuestra esencia y nuestra autenticidad sin miedo a ser juzgados, criticados o aislados.

Por último, Gracias a esas personas que me han acompañado e inspirado en mi proceso de autoconocimiento y crecimiento personal. Gracias a maestros como Armando Dalverny, Mónica Fusté, Sergi Torres, Joe Dispenza, Masha Mikhailova, Tino Fernández y a todos los compañeros que con sus vivencias y apoyo tanto me han hecho crecer.

Gracias a la vida y Gracias a ti.

Prólogo

El binomio mente-cuerpo. ¿Cuánto nos hemos preguntado por la relación que existe entre ambos conceptos? ¿Somos mente, cuerpo, alma, espíritu…? ¿Es el cerebro el que dirige toda nuestra vida?

Pero más allá de qué somos, hay otra pregunta que a la mayoría nos persigue durante toda la vida: ¿cómo ser más felices? ¿Por qué la mente no me deja en paz? ¿Por qué repito viejos patrones una y otra vez? ¿Por qué me cuesta relacionarme con otros de manera saludable? ¿Por qué me machaco por dentro, me trato tan mal? ¿Por qué me resisto a los cambios que la vida constantemente me ofrece?

Ciencia, religión, psicología, terapias alternativas, *coaching* y sus diversas modalidades… No hemos dejado de buscar respuestas para llegar a un mismo lugar: queremos vivir mejor, disfrutar en plenitud esta vida que, hasta donde sepamos, es la única que tenemos.

El libro de Eduardo Llamazares *Mente, ¡déjame vivir!* es ante todo un manual práctico para responder a muchas de estas preguntas. Preguntas que nos llevan a la comprensión, al autoconocimiento y, sobre todo, a la acción. Porque no hay cambio sin acción en esta vida.

Se ha escrito mucho sobre el bienestar y la felicidad, pero a menudo nos faltan instrucciones precisas, sencillas, cercanas a nuestra manera de vivir y entender la vida. Nos hemos vuelto tan profundamente racionales que nos hemos olvidado de nuestra esencia, de esa autenticidad y esa parte inalterable que nos une a todos los seres humanos.

A diario, los mensajes en los medios, televisión, internet… nos inducen a sentir miedo, a padecer ansiedad, a tratar de controlarlo todo… Lo mismo ocurre con nuestro entorno más tradicional: antiguas creencias sociales y culturales que ya no nos sirven, pero que nos mantienen bajo el yugo del miedo y nos inculcan una mentalidad esclava de las circunstancias externas.

Aprender a liberarse de estas ataduras, a retomar el control de la mente desde el amor, la aceptación y la gratitud son claves para una vida más plena, más libre, más auténtica y, en definitiva, mucho más feliz.

Las estrategias que nos propone Eduardo en su libro parecen sencillas a simple vista —y es maravilloso que sea así, para que cualquier persona, sea cual sea su situación, pueda aplicarlas— y, al mismo tiempo, nos proporcionan claves esenciales para cambiar de raíz la actitud ante la vida. Porque los más grandes cambios empiezan con un primer paso.

Lo hemos olvidado o no nos han informado bien. Pero nosotros somos creadores de la realidad que vivimos. La ciencia se va acercando cada día más a esta afirmación. Los pensamientos negativos o positivos influyen de manera directa en el estado de salud, en nuestras células y en nuestra predisposición ante la vida. Si aprendemos a cambiar a voluntad los pensamientos, sentimientos y comportamientos nos sorprenderemos gratamente de los cambios tan increíbles que llegaremos a experimentar.

En este libro Eduardo nos ofrece un viaje por los tres jardines de nuestra vida: el interior, el compartido y el exterior. Si queremos una vida completa lo primero es regar nuestro jardín interior, ocupándonos de la autoestima, valoración y crecimiento personal.

Después el autor nos invita a compartir nuestro jardín con otros: nuestros seres queridos, amigos y el resto de las personas. En este segundo jardín aprenderemos actitudes que nos permitirán llevar relaciones sanas con los demás, pues somos seres sociales y necesitamos del contacto humano.

Por último, el viaje culmina en nuestro jardín exterior, que es la vida misma, muchas veces incierta y difícil de controlar. Aprenderemos a aceptar, desapegarnos, desarrollar la gratitud y ganar la libertad y la confianza para vivir de una manera más plena y más auténtica.

Querido lector, querida lectora, te invito a que te sumerjas en este apasionante viaje interior para conectar con tu esencia, tu valía, tu confianza y, sobre todo, para que te des cuenta de que no eres víctima de la vida, aunque esta no sea fácil, sino que eres el creador de tu propia existencia. Eres un ser libre, abundante y mereces tener la vida que sueñas. ¡Y estoy convencida de que en este libro encontrarás las respuestas!

Por último, quiero agradecerle a Eduardo, alumno, compañero y amigo, el darme la oportunidad de prologar su primer libro. Me hace muchísima ilusión ver cómo, pese a la incertidumbre, cuando apostamos por nosotros mismos, nuestra vida cambia de raíz y nos convertimos en personas valientes y llenas de energía para alcanzar los más preciados sueños. Eduardo ya ha dado los primeros pasos y le auguro un porvenir lleno de éxitos y realización en todos los sentidos.

¡Un cálido abrazo!

MARÍA MIKHAILOVA
Coach estratégica y mentora

Introducción

Tu mente es la responsable de la dirección que lleva tu vida. Lo sé, a veces nos cuesta reconocerlo. Y tu mente no es sino un filtro integrado por las ideas, pensamientos y creencias formados como consecuencia de las experiencias que has vivido.

El cerebro es el órgano encargado de gestionar tu mentalidad. Asimismo, como probablemente sabrás, es el responsable del equilibrio del organismo. De ahí, la intrínseca relación entre cuerpo y mente y sus consecuencias.

Estudios de neurociencia, psiconeuroinmunología, medicina psicosomática y epigenética, entre otras disciplinas, avalan esta vinculación y sus correlaciones implícitas. Lamentablemente, aún existen profesionales de la salud que dan la espalda a esta relación mente-cuerpo y a su relevancia en los síntomas y patologías de los pacientes.

Queramos o no, esta relación consustancial tiene consecuencias físicas y mentales en el organismo. Si tienes pensamientos recurrentes que te impiden realizar lo que necesitas para vivir con plenitud, es probable que sientas un alto grado de insatisfacción. Podríamos decir que manejas una mentalidad «tóxica» en el área relacionada con ese aspecto de tu vida que no desarrollas. Debido a su correlación innata con el cuerpo, esta mentalidad insatisfecha ocasiona a la larga síntomas físicos como dolor, ansiedad, insomnio y otras somatizaciones.

La buena noticia es que tu cerebro y, por tanto, tu mentalidad, puede modificarse y crear nuevos patrones de funcionamiento más saludables. En otras palabras, es posible y factible pasar de una mentalidad «tóxica» a una mentalidad saludable. De vivir a merced de ese *mono loco* en que se convierte tu mente en ocasiones, a disfrutar del bienestar que aporta aprender a calmarlo y dirigirlo hacia una vida plena.

Si tiendes a darle muchas vueltas a las cosas y tienes épocas en las que te cuesta dormir y relajarte, te ofrezco este regalo: una guía con cuarenta acciones que te ayudarán a calmar tu mente y dormir mejor. Puedes conseguirlo en www.eduardollamazares.com. Estoy seguro de que encontrarás alguna pista de algo que puedes hacer, desde ya, para sentirte mejor.

Cualquier cambio de hábito que quieras incorporar, cualquier ayuda externa a la que recurras para mejorar tu vida, implica también un cambio de mentalidad para lograr esos objetivos. Revisar y modificar tu mentalidad es el antídoto definitivo contra el estrés, el malestar físico y el sufrimiento en general.

Este libro te ayudará a descubrir las causas de tu estrés interior y a resolverlas. A lo largo de las siguientes páginas te guiaré para liberarte de ese sufrimiento que te impone tu propia mentalidad y que a la larga, si no lo hace ya, te pasará factura. Esa vida plena y llena de bienestar que deseas está ahí en tu mente, esperándote. La tienes al alcance de la mano y con una mentalidad saludable vas a conseguirla.

¿Qué beneficios te traerá este libro?

Al aprender nuevas formas de pensar y actuar ante determinadas situaciones dejarás de sentir malestar e insatisfacción. Recuperarás la confianza y te sentirás capaz de superar todo aquello que hasta ahora te ha robado tanta energía y generado insatisfacción.

Posiblemente, tienes la sensación de que te complicas la vida más de lo necesario. Observas a otras personas que han logrado objetivos similares a los que te gustaría alcanzar y te lamentas por no haber sabido conseguirlos. Miras hacia atrás y ves una película que no te gusta. No te sientes satisfecho ni orgulloso de tus logros y piensas que ha sido un esfuerzo excesivo para los resultados obtenidos. En ocasiones te invade una sensación de vacío interior, de no conocerte a ti mismo, de no saber lo que necesitas en realidad para que el bienestar y la satisfacción se instalen en tu vida.

Un obstáculo impreciso y persistente frena tu felicidad, tu paz interior y tu autoestima. Ese impedimento no es otra cosa que tu propia mentalidad. Sin embargo, esta puede modificarse y solo depende de ti. Al cambiar al director de tu película, tu mentalidad cambiará el guion, la trama y el desenlace. Sentirás más seguridad al tomar decisiones y recuperarás tu poder personal; te liberarás de chantajes emocionales, autosabotajes y relaciones «tóxicas». Podrás mirar tu futuro sin miedo ni ansiedad.

¿Quién soy yo para contarte esto?

Yo pasé por esa misma situación hace unos años. Había logrado mis metas profesionales, pero no conseguía sentirme a gusto con mi vida. Mi mente no paraba de dar vueltas, dirigida por ese mono loco. Sentía una insatisfacción conmigo mismo que no me dejaba dormir. Sin embargo, no era capaz de tomar una decisión que cambiase mi vida. Somatizaba cada poco tiempo mi estrés interior con insomnio, ansiedad, colon irritable y dolores de espalda. A diario, buscaba descubrir nuevas formas de sentirme bien. Realicé el recorrido que va desde la medicina tradicional a la alternativa, pasando por terapias nutricionales, energéticas y espirituales. Todo ayudaba, pero nada solucionaba mis síntomas.

Entonces descubrí que el antídoto para mis males estaba en el interior. Y que llevaba mucho tiempo resistiéndome a hacer ese viaje hacia mi psique. Desde que lo inicié, todo cambió. Para mejor. Me atreví a dejar un trabajo estable, acabar mi doctorado, confiar de nuevo en el amor y cumplir mi sueño de escribir este libro en una isla de Tailandia. Vencí mi miedo a no complacer a los demás, mi temor a recibir críticas por mostrarme como soy y también mi pánico a sufrir por una posible ruptura sentimental. Además, los problemas de salud, esos que me acompañaban desde hacía muchos años, fueron disipándose poco a poco.

Como ves, descuidar la relación mente-cuerpo implica arriesgar no solo la salud, sino también nuestra felicidad. De ahí la importancia de desarrollar ese antídoto interno que es una mentalidad saludable. Puedes entrenar tu cerebro y desarrollar esa mentalidad saludable independientemente de tu edad, tu historia familiar o de los acontecimientos que hayas vivido.

Muchos ya lo hemos conseguido. Y tu cerebro tiene la misma capacidad para revertir esa mentalidad «tóxica». ¡Aprovéchala! ¡Empieza con este libro!

Te recomiendo leerlo desde el amor hacia ti mismo, dándote la oportunidad de abrirte a nuevas ideas. Recuerda, si muchos hemos podido mejorar nuestra vida, tú también puedes lograrlo. Seguro.

Encontrarás más información sobre el desarrollo de una mentalidad saludable, así como un pequeño regalo para descansar tu mente y dormir mejor, en mi página web eduardollamazares.com.

Y si utilizas las redes sociales y te apetece estar al día de mis reflexiones y del contenido que comparto, para mí será un placer que me saludes tanto en Facebook como en Instagram. En ambos, mi perfil es eduardollamazares.

PRIMERA PARTE

Cómo funciona tu vehículo

1
UN VEHÍCULO Y MUCHO POR EXPLORAR

Una mentalidad tóxica te aleja de la felicidad,
atrayendo sufrimiento y hostilidad.

El cuerpo es nuestro principal activo. Su capacidad sensorial nos permite disfrutar con los cinco sentidos, vivir emociones que nos elevan y acceder a lo que el universo pone a nuestra disposición en cada momento. Es el vehículo que necesitamos para disfrutar de nuestro paso por este mundo.

Pero al hablar del cuerpo, a menudo olvidamos que el cerebro es una parte de él. No se ve, no genera enfermedades que requieran antibióticos o antinflamatorios, pero también es cuerpo. Y una parte fundamental del mismo.

Sin embargo, lo olvidamos y priorizamos el cuidado del cuerpo con una alimentación óptima, un incremento del ejercicio físico, eliminando hábitos tóxicos, utilizando cremas y jabones especiales… Sin darnos cuenta de que estamos cuidando o descuidando el cerebro día a día.

Vivir con insatisfacción o sufrimiento repercute en todo el organismo, incluido el cerebro. Creemos, de manera errónea, que no podemos cambiar esos pensamientos repetitivos y esas emociones que nos desgastan. Descuidamos así no solo la salud mental. También la física.

La inteligencia emocional es la clave para cuidar esta salud global. Lo escuchamos por todas partes, especialmente en lo referente a educación infantil. De ahí que se valore su aplicación en el momento de la formación del carácter, pero se duda de su efectividad a la hora de modelar una personalidad adulta consolidada. Nos cuesta dedicar tiempo para aprender a entender y gestionar nuestros estados emocionales.

Rechazamos de esta forma el principal antídoto del que disponemos para proteger el cuerpo frente al estrés, ese que nos infligimos nosotros mismos y nuestras circunstancias. Es un antídoto inocuo, sin efectos secundarios, y solo depende de nosotros. Consiste en un entrenamiento encaminado a desarrollar una *mentalidad saludable*.

> La información que maneja tu mente determina tu forma de pensar y de sentir. Tus pensamientos y tus emociones constituyen el *filtro* que utilizas para interpretar tu vida y lo que sucede a tu alrededor.

Por tanto, si creas una mentalidad saludable, mejorarás la salud de todo tu organismo. Revisar y mejorar tu mentalidad es el antídoto definitivo contra el estrés, el malestar físico y el sufrimiento en general.

¿CÓMO NOS AFECTAN LOS FILTROS QUE CREA LA MENTE?

Nada mejor para entenderlo que un ejemplo. Si durante la infancia sufriste porque te ridiculizaban en casa cuando hacías algo mal, es muy probable que tu organismo se estrese cuando tengas que exponer algo en público o cuando alguien te corrija en el trabajo.

Ocurre con multitud de experiencias de vida que han ido añadiendo matices a ese *filtro que es nuestra mentalidad*. Matices que nos hacen ser más sensibles al sufrimiento. De ahí la importancia de pasar de una mentalidad «tóxica» a una *mentalidad saludable*.

Con la salud física sucede algo similar. Se olvida, con frecuencia, el intrínseco vínculo que existe entre el cuerpo y la mente. Esto explica que, en ocasiones, no funcione un tratamiento destinado al cuerpo si no se acompaña de un cambio de mentalidad.

Te pongo algunos ejemplos, ¿por qué mucha gente deja de fumar gracias a un tratamiento físico y médico, pero vuelve a hacerlo al cabo de un tiempo? ¿Y esas personas que se someten a una liposucción y recuperan enseguida el peso que tenían antes de ese tratamiento tan invasivo?

Porque no se corta de raíz el origen del problema, no se aporta una solución para esa mentalidad que originó esos resultados. La mente es más poderosa que el tratamiento físico y su fortaleza hará persistir los hábitos si no la entrenamos. Y no hablo solo de actos corporales adictivos como fumar o comer demasiado. Existen *hábitos mentales y emocionales* adictivos que pueden ser más perjudiciales que los hábitos tóxicos más evidentes y populares.

Por eso recuerda que por muchos tratamientos terapéuticos que recibas, si no cambias la mentalidad que te llevó a enfermar, será difícil que encuentres una solución definitiva para tu problema de salud.

Por fortuna, cada vez más personas hemos logrado acabar con las enfermedades crónicas que nos acompañaron en una larga época de la vida. Gracias a que algo cambió en nuestro interior. Activamos un clic que nos permitió equilibrar cuerpo y mente y recuperar la salud. Ese algo es un *cambio de mentalidad*: un cambio en la forma de ver el mundo y actuar en él.

Y es más poderoso que un diagnóstico, más potente que un disgusto emocional y más sólido que el estrés que tanto daño nos ocasionó.

«La buena vida» está esperándote

Todos deseamos tener una vida feliz. Para cada persona esa frase encierra un significado distinto. Pero todos tenemos algo en común: la salud es uno de los cimientos de la felicidad. Y la salud no consiste solo en la ausencia de enfermedades. Se puede sufrir alguna patología y, sin embargo, disfrutar de un nivel alto de bienestar. Y, al contrario, se puede estar sano «médicamente» hablando, y carecer de bienestar.

La salud, entendida como bienestar, tranquilidad mental y paz interior, corresponde a un estado bioquímico concreto de tu cuerpo que *tú puedes crear*.

Neurotransmisores y hormonas están ahí para ayudarte si sabes dirigir la orquesta. Quizá pienses que hasta ahora no te han ayudado mucho, más bien lo contrario: dolores, bajadas del sistema inmune... Piensa que, si tienen la capacidad de hacer una cosa, también pueden hacer la contraria. Es cuestión de ir a la raíz del problema entrenando de manera adecuada al jefe de la orquesta: tu cerebro.

Crear la vida y la salud que deseas es algo que necesitas plantearte como una *posibilidad real*. Mucha gente lo percibe como una utopía. O piensa que es tarde para lograrlo.

Si es tu caso, tengo que decirte que te entiendo perfectamente. Es posible que hayas vivido experiencias muy duras. Que soportes a diario una carga excesiva. Quizá te has acostumbrado a tener una vida en la que se pasa por épocas: unas en las que te sientes razonablemente bien y otras en las que reina esa insatisfacción que te acompaña desde hace años. Es posible que te hayas cansado de intentar mejorar tu vida. Yo te aseguro que me había cansado también. Pero la vida es maravillosa y siempre aparece algo o alguien que nos da la oportunidad de que todo empiece a cambiar.

A través de las páginas de este libro te voy a explicar cómo hacerlo. Recuerda que si otros, entre los que me incluyo, hemos podido mejorar nuestra vida, tú también puedes. Por eso sé que lo vas a conseguir. Ábrete a esta mentalidad saludable: la buena vida está esperándote.

Los cuatro pilares del cambio

Para empezar, voy a hablarte de los cuatro factores necesarios para generar este cambio:

1. El primero es tener claro **tu objetivo.** ¿Qué necesitarías para disfrutar de una buena vida? En concreto, qué quieres conseguir, qué es lo que no piensas tolerar en un futuro y cómo quieres vivir tus próximos años. Debe ser un objetivo realista, pero sin ponerte límites de antemano.
2. El segundo, la **estrategia.** Descubrir cómo puedes lograrlo. Dependerá del objetivo que te has marcado. Lo que es común siempre es que necesitas incorporar algo nuevo para lograr resultados diferentes a los conseguidos hasta ahora: esos que te han generado estrés, insatisfacción o dolor. Si quieres sentirte mejor, vivir con tranquilidad, salud, alegría…, hay una estrategia. La encontrarás en este libro. Te lo mereces y nadie tiene la capacidad de privarte de ese bienestar de por vida —salvo que tú le des ese poder—.
3. El tercer factor es **tu esfuerzo.** Necesitas pasar a la acción. Hacer cosas que antes no hacías se convertirá en la principal solución a tus problemas. Será importante resolver aquello que querías haber hecho, pero que nunca te atreviste. Tal vez tengas que aceptar que no lo harás, que igual no es para ti. Y tendrás que buscar otro objetivo. O, tal vez, tengas que afrontar aquello que te da miedo hacer, pero que no puedes quitarte de la cabeza. Ambas cosas requieren compromiso y esfuerzo. Dejar pasar el tiempo o pensar que puedes vivir con ese pequeño aspecto de tu vida que te genera incomodidad son excusas que crean y cronifican tus problemas.
4. El último factor es el más importante: **tu mapa mental.** Es la forma en que tu mentalidad trabaja. Es el que te ha limitado durante tanto tiempo. Es posible que hayas tenido

siempre claro lo que quieres, que hayas diseñado planes para alcanzarlo y te hayas esforzado por conseguirlos. Pero si este cuarto factor no lo tienes trabajado, frenará tu evolución. Tu mapa mental está formado por los pensamientos que dirigen tus razonamientos y decisiones. Esos pensamientos están construidos a partir de creencias y emociones grabadas intensamente en tu cerebro. Y ejercen, sin tú saberlo, mucho poder en tu vida diaria. Por eso es importante revisar ese mapa mental con el que te estás moviendo por la vida. Imagina lo que pasaría si tuvieras un mapa para moverte por una zona, y el mapa fuera incorrecto. ¿Cuánto tiempo perderías? ¿Cuántas vueltas darías? ¿Cuánto tardarías en desesperarte? Sabes que tu mapa no es el adecuado cuando no te permite tener una vida con paz interior y bienestar. Puede haber disgustos, situaciones desagradables, pérdida de seres queridos... pero si tienes un buen mapa, podrás recuperar tu bienestar con mayor facilidad.

CULTIVA TUS JARDINES MENTALES

En la vida podemos distinguir tres grandes parcelas en las que nos movemos día tras día. Ya que las visitamos con tanta frecuencia, nos conviene aprender las normas de juego en cada una de ellas para poder gestionarlas sin sufrir. Necesitaremos un mapa para cada una.

Como mi intención, y a partir de ahora la tuya, es que estas parcelas desérticas se conviertan en un espacio agradable por donde movernos, de aquí en adelante hablaremos de los tres jardines: **tu jardín interior,** la relación contigo mismo; **tu jardín compartido,** tu relación con los demás y **tu jardín exterior,** donde se siembra la forma de aceptar la vida.

Para empezar, hay algo que necesitas conocer a fondo: el *vehículo* con el que te mueves por esos jardines. No es otro que tú: *tu mente y tu cuerpo*.

Antes de arrancar necesitas confiar en **tu vehículo.** Es decir, creer en ti. Si no confías en ti y no crees en el poder que tienes, encontrarás baches en cada jardín que lo convertirán en una parcela incómoda de visitar.

Para *creer en ti* necesitas *conocerte bien.* Por eso, en esta primera parte descubriremos cómo funciona ese vehículo integrado por tu cuerpo y tu mente. Y en las sucesivas te mostraré la mentalidad idónea para manejarte sanamente en cada jardín.

Descubrirás cómo te has movido hasta ahora por esas parcelas y aprenderás a disfrutarlas más. A convertirlas en jardines mentales que florecerán en tu vida diaria.

Te adelanto que es un camino precioso, pero con curvas: encontrarás *resistencias.* Precisamente, estas resistencias son las que te impiden disfrutar de *una buena vida.* Sí, esa sin estrés interior. Te aseguro que existe. Por ello, cuando las detectes, celébralo y enfócate en abrir tu mente a la nueva forma de ver la vida que encontrarás en las siguientes páginas.

A lo largo del libro vas a encontrar ejercicios que te animo a que realices al tiempo que avanzas en la lectura.

2
MENTE Y CUERPO: DOS CARAS DE LA MISMA MONEDA

Al igual que renuevas la ropa con la que cubres tu cuerpo, debes renovar los pensamientos con los que nutres tu mente.

FUNCIONAR «A NIVEL BÁSICO» GENERA SUFRIMIENTO

Cuando adquieres un nuevo aparato tecnológico, lo primero que necesitas es saber cómo funciona. Esa información básica suele ser muy fácil de obtener. Pero si quieres sacar todo su potencial, necesitas reconocer tu desconocimiento y dedicarle tiempo y esfuerzo para aprender a manejarlo.

Si imaginamos que el cuerpo humano es similar a uno de esos aparatos tecnológicos, entenderemos que también hay que dedicarle tiempo para descubrir cómo manejarlo.

En caso contrario, lo utilizaremos a «nivel usuario», como hacemos con muchos de esos dispositivos.

Y ¿qué sucede entonces? Que le suministramos los cuidados básicos: alimento, ejercicio, descanso y pequeños placeres. Pero eso no es suficiente para que nos permita vivir sin sufrimiento. Es imprescindible saber qué necesita para estar equilibrado, de lo contrario, se desgastará más rápido de lo que lo haría si entendiésemos su funcionamiento.

La buena noticia es que con el cuerpo y la mente ocurre como con los aparatos: podemos reparar los errores y mejorar su funcionamiento. Tú puedes hacer esos pequeños cambios para afinar el funcionamiento óptimo de tu mecanismo interior.

El estrecho vínculo cuerpo-mente

Para empezar, quiero hacer hincapié en lo que comentaba al inicio de este libro y que olvidamos a menudo: el intrínseco vínculo entre cuerpo y mente. Es decir, no podemos referirnos al cuerpo sin incluir a la mente y viceversa. Son dos caras de la misma moneda.

Por ejemplo, una contractura muscular tiene una consecuencia directa en tu mente. Se trata de una modificación de tu *autoconcepto* y, por ello, de tu visión de la realidad. ¿Puedes imaginar cómo cambia la imagen de sí mismo que tiene un deportista cuando sufre una lesión que le impide mantener su actividad? ¿Crees que solo ha ocurrido un cambio en su cuerpo físico?

Probablemente, tú también hayas sentido ese cambio ante un síntoma físico como una contractura muscular. Cuando nos duele una zona del cuerpo, de inmediato nos vemos de una forma distinta a la que sentimos cuando no sufrimos dolor.

Pero, además, puede que el origen de la lesión esté en tu mente, como las típicas contracturas por estrés continuo. Veamos qué pasa en esta *relación inversa:* la relación mente-cuerpo.

Tu cerebro es el órgano que dirige todo tu cuerpo. Por un lado es el *órgano-hogar* de todos los procesos mentales: reflexión, visualización, anticipación… Por otro lado, imagina el cerebro como el motor de una fuente que envía chorros de información a todos los demás órganos de tu cuerpo. Sin excepción: piel, pulmones, estómago, arterias… Así controla tu tensión arterial, el nivel de contracción de tus músculos, tus movimientos intestinales, la hidratación de tu piel, etc.

Esos chorros son de ida y vuelta: a tu mente le llegan informaciones de lo que le ocurre a tu cuerpo: si te haces un esguince, si comes una comida demasiado grasa, si tomas bebidas con cafeína… y de tu mente salen informaciones que cambian el estado de tus órganos. Por ejemplo, si imaginas una situación peligrosa, tu cerebro hará que se produzcan cambios físicos en el interior de tu cuerpo para adaptarse a esa circunstancia. Aunque no sea real. Ten presente que

> Todos los pensamientos que tienes generan una realidad en tu cuerpo.

¿Qué es tener una mentalidad saludable?

¿Recuerdas esa frase tan repetida en ciertas campañas de publicidad: *Mens sana in corpore sano*? Data de finales del siglo I y nos recuerda que, para tener un cuerpo sano, disfrutar de salud y prevenir enfermedades o evitar empeorarlas, necesitas una mente sana.

Tenemos muy claro en qué consiste cuidar el cuerpo. Sin embargo, ¿te has planteado qué haces para tener una mente sana?

Hay personas que cuidan su cuerpo con una actividad física intensa, una alimentación equilibrada… y, sin embargo, no disfrutan de una salud óptima.

También está la otra cara de la moneda: personas que sienten la felicidad en sus vidas, que viven tranquilas y sin preocupaciones, disfrutando de cada día sin estrés, inseguridades o tristezas. Pero tampoco su salud es óptima porque no cuidan su parte física, comen mal y llevan una vida sedentaria.

Con esto quiero destacar la idea de que tu cuerpo agradece no solo que hagas ejercicio y cuides tu alimentación. También necesita que cuides tu mente. Y aquí nos perdemos. Cuando nos damos cuenta de que hemos engordado o que nos está doliendo la espalda, conocemos varias estrategias para resolver el problema. Podemos apuntarnos a un gimnasio, acudir a pilates, pedir cita con el fisioterapeuta… Pero ¿y la mente?, ¿cómo la cuidamos para prevenir problemas? Al no tener una respuesta para ello, nos olvidamos de este 50 por 100 que supone la mente para nuestra salud.

Al hablar de mente me refiero a todos esos procesos mentales que realizan las neuronas del cerebro. Bajo nuestra percepción, esos procesos no se reflejan en algo físico. No se observa una causa-efecto inmediata. Por eso no le damos tanta importancia como al cuerpo, que sí nos da la información rápidamente.

Esos procesos mentales incluyen reflexiones, interpretaciones, preocupaciones, anticipaciones, afirmaciones que nos hacemos y creencias que tenemos.

Por ejemplo, si tienes la creencia de que en tu trabajo en cualquier momento te puede pasar algo que va a ser negativo para ti, ¿piensas que tu mente estará en un estado de salud equilibrado y óptimo? ¡No puede! ¿Por qué?

Porque la función de tu mente, sobre todo la subconsciente, es protegerte. Al creer que estás en peligro, tu mente prepara tu cuerpo para ese riesgo.

Por tanto, *mantener tu mente sana* equivale a tener unos *pensamientos*, *creencias* e *interpretaciones* de tus circunstancias personales que te permitan *sentir que estás a salvo*. Es decir, tener la certeza de que tienes la capacidad de solucionar tus retos y alcanzar tus deseos y que nada ni nadie puede alterar permanentemente tu equilibrio interior. ¡Casi nada! Si lo piensas, mantener el cuerpo sano no es algo que se pueda realizar sin esfuerzo.

En definitiva, es una decisión. Todos tenemos la capacidad de decidir qué interpretación dar a lo que nos pasa. Tenemos el poder de decidir qué creencias tenemos sobre nosotros mismos. Y podemos elegir dar importancia al momento presente, frente a estancarnos en el pasado o adelantarnos a lo que nos puede pasar en el futuro.

Tener una mente sana es una decisión que depende de ti.

Nadie te enseñó, pero puedes aprender

Cultivar una mente sana no es un proceso fácil. Contamos ya con unas ideas, creencias y valores que hemos ido asumiendo como válidos desde la infancia. Pensamos que esa mentalidad es la correcta. Y a través de ella tendemos a valorar las cosas por buenas o malas, correctas o incorrectas.

Desde este prisma, calificamos como correcta la forma de enfrentarnos a los problemas de la vida, nuestra idea de cómo deben ser las relaciones con otras personas o sobre cómo cuidar nuestro cuerpo. Estamos convencidos de que son las formas de actuar más indicadas.

Por ejemplo, hay familias que llevan a los niños al médico ante los primeros síntomas de malestar para medicarles. Otras, en cambio, esperan más tiempo. Si se tratara de convencer a unas de que actúen como las otras, se hallarían grandes resistencias.

Otro ejemplo son las diferencias culturales en cuanto a sobreprotección de los hijos y permisividad para que desarrollen su propia autoestima. Si observamos poblaciones de África o Asia, encontraremos estándares muy diferentes a los que se manejaban en los entornos de las culturas occidentales en los que nos educaron a la mayoría. Estos aprendizajes culturales y familiares influyen enormemente en la capacidad que tenemos para vivir sin una dosis *extra de sufrimiento.* Además, están muy arraigados a nuestra identidad y nos resulta difícil abrirnos a pensar de otra forma.

Puede que te preguntes por qué tiene tanta importancia lo que aprendiste en tus primeros años de vida. Al fin y al cabo, ¡ha pasado mucho tiempo! Ya somos adultos, tenemos muchas experiencias; hemos sufrido y hemos tropezado varias veces con las mismas piedras. Lo lógico sería que, a estas alturas, cuando la manera de pensar y actuar nos ocasionase sufrimiento, pudiéramos fácilmente tomar una decisión de cambiarlo e *iniciar una nueva forma de ver la vida*.

Es posible que te hayas fijado en algún amigo o familiar cuya forma de ser te asombra. Esa persona que se toma la vida con más ligereza que tú, que parece que fluye y supera sus retos y sus preocupaciones sin sufrir. Que es feliz aunque aparentemente tenga menos que tú en algún aspecto. Estas personas, que se adaptan mejor a los cambios, adquirieron en su infancia aprendizajes diferentes a los de otras personas con una mentalidad más rígida. En ello influyeron los estímulos que les iban llegando de su entorno, sobre todo de sus figuras parentales. Quizá tuvieron alguien cerca que reforzó mucho su autoestima. O unos padres muy concienciados de educar en inteligencia emocional a sus hijos.

También es posible que conozcas personas que han dado un giro muy significativo a su vida. Aparentemente eran de una forma, llevaban un determinado estilo de vida y, de repente, cambiaron y tomaron decisiones sorprendentes que asombraron a su entorno. Tal vez tuvieron una experiencia traumática, como un accidente o una enfermedad, que les hizo replantearse sus valores y su vida de una forma profunda. A partir de esa reflexión tomaron *nuevas decisiones* sobre cómo cuidar su salud mental.

Todas esas personas que disfrutan de un alto nivel de bienestar, no fueron dotadas de un cerebro especial. No son diferentes a ti. Ni dejaron de sufrir *solo* por inscribirse en un curso de *mindfulness* o por realizar un proceso de *coaching*.

Esas personas tuvieron que *comprometerse con un cambio*. En un momento de su vida tomaron una decisión prioritaria, radicalmente diferente a las que solían tomar. ¿Cómo pudieron hacerlo?

Más allá de tu mente consciente

Para tomar una decisión es clave saber que con mejor información se toman mejores decisiones. De ahí el revelador poder de accidentes, enfermedades, terapias con psicólogos o procesos de *coaching*. Todos ellos proporcionan información muy importante que antes no utilizaba la mente.

A diario funcionamos con una información que conscientemente es muy limitada. Los datos que manejamos a la hora de tomar decisiones están influenciados por mucha información subconsciente. Es decir, cualquier decisión que tomas está condicionada por información de la que no eres consciente y que almacenaste en tu cerebro en algún momento de tu vida.

La clave para poder cambiar y desarrollar una mentalidad saludable es detectar qué información maneja tu mente y decidir si te ayuda o te limita.

Te explico el proceso. Recibes millones de estímulos a lo largo del día. Tu cuerpo tiene numerosos receptores para percibir todo lo que pasa a tu alrededor. Y otros muchos para informarte de lo que está pasando en tu interior. ¿A que no eres consciente de recibir tantos estímulos? Eso es porque tu cerebro hace una criba. Solo eres consciente de una parte. Tu mente subconsciente se encarga de procesar el resto. Después, **crea patrones** para que te resulte más fácil interpretar lo que ocurre en tu día a día. De toda la actividad mental, se estima que el 95 por 100 se desarrolla en el subconsciente. Qué descanso, ¿verdad?

Imagina que, además de todos esos pensamientos que ya tienes en tu cabeza, te llegase un 95 por 100 más de información sobre cómo está tu frecuencia cardíaca, qué actividad está desarrollando tu intestino, lo que ocurre en tu interior cuando tienes una discusión…

Tu mente subconsciente se encarga de protegerte y facilitarte la vida. Por eso, esas neuronas de tu cerebro almacenan todo lo que vas viviendo. Esta información se archiva asociada a una de estas dos categorías: lo que te da *placer* y lo que te provoca *dolor*.

Todo aquello que en su momento te hizo sufrir será registrado como algo a evitar. Y aunque ya no lo recuerdes en lo consciente, estará fuertemente grabado por tu aliado, el subconsciente.

Supón que cuando eras pequeño comentaste algo en clase y como consecuencia te pusieron un apodo despectivo. Ese momento y todo el sufrimiento que te ocasionó ese apodo habrían quedado grabados en tu subconsciente como algo doloroso que deberías evitar.

El origen de tanto sufrimiento fue el simple hecho de expresarte y comentar algo que pensabas. Es decir, hacer algo de manera desinhibida. Al ocasionarte esas consecuencias negativas para ti, ¿qué conclusión crees que almacenaría tu mente subconsciente? Sería algo así como: «Si me muestro y me expreso tal como soy, sufro».

Este ejemplo puede parecer muy exagerado, pero no lo es. Muchos niños y niñas pasaron temporadas de sufrimiento durante su infancia y adolescencia a causa de experiencias similares.

Cada uno creó y grabó una afirmación para evitar ese dolor. Unos decidieron limitar sus intervenciones en clase, mostrándose tímidos y reservados. Otros quizá adoptaron una forma de ser más altiva o, incluso, agresiva. En ambos casos ocultaron *su auténtica forma de ser*, la que cada uno tenía en origen. Se alejaron de su esencia con la sana intención de protegerse del dolor.

> Tu mente subconsciente actúa como tu guardián. Su función es ser tu mejor aliada, pero con información desfasada, te protege de peligros que ya no son reales.

Procesos similares ocurren también en la edad adulta. Tras una discusión familiar, una crisis de pareja, un desencuentro en el trabajo…, la mayoría queremos evitar que se repita. Para ello, la mente subconsciente modifica la forma de actuar. Con el tiempo pensamos que esa nueva forma de actuar es parte de nuestra identidad y sin darnos cuenta nos alejamos de nuestra verdadera forma de ser, de nuestra esencia.

Puede que la nueva forma de actuar no te resulte tan placentera a largo plazo, pero si tu cerebro no percibe sufrimiento, tu aliado subconsciente lo registrará como algo positivo para ti. Para él es más importante alejarte del dolor que acercarte al placer.

Recuerda que se encarga de tu supervivencia, no de los detalles que aportan más calidad a tu vida.

Todo este proceso de análisis de placer-dolor sucede constantemente en tu cerebro. Para determinar qué es para ti placer y qué es dolor, *tu cerebro utiliza unas referencias*. ¿Imaginas de dónde las obtiene? Exacto, de tu mente subconsciente: de lo que has vivido en el *pasado*. Si en tu mente existen más referencias de lo que es doloroso que de lo que es placentero, habrá muchas señales de peligro y tu cerebro tendrá que estar muy alerta. Le costará encontrar situaciones y personas con las que permitirte sentirte relajado. Como comprenderás, esto se aleja de lo que sería una mentalidad saludable.

Queda claro, por tanto, lo importante que es *detectar* cuáles son esas señales de peligro que maneja la mente. De esta forma podremos *revisar* si continúan siendo peligrosas o si hemos adquirido nuevos recursos para protegernos y no sufrir como en aquella situación del pasado. La madurez y las experiencias de la vida nos permiten evolucionar y rebajar esos niveles de alerta que mantiene la mente subconsciente. ¡Pero es necesario hacérselo saber!

3
INFANCIA Y CREENCIAS LIMITANTES

Los niños han de tener mucha tolerancia con los adultos.

ANTOINE DE SAINT-EXUPÉRY

Todos lo sabemos: los niños son como esponjas. Tú también fuiste una preciosa esponja. Eso sí, las esponjas no solo absorben el agua…

¿Cuánto dirías que has aprendido de tu familia de origen y de tus educadores en tu capacidad para tener una *mentalidad saludable*?

Algunos de los cimientos de una mente sana son:

- Sentir que eres capaz de todo lo que te propongas.
- Creer que mereces todo lo bueno que te traiga la vida.
- Tener la certeza de que siendo como realmente eres puedes vivir con tranquilidad y seguridad.
- Saber que, aunque te equivoques o fracases, no pierdes ningún valor porque no hay fallos en tu «ser»; como mucho, en tu «hacer».

En función de las ideas que tengas sobre estos temas, vivirás en un mayor o menor nivel de alerta. Cuanto menos capaz y seguro de ti mismo te sientas, mayor estrés sufrirá tu organismo.

Durante la infancia me enseñaron que había que comportarse de acuerdo a unas normas establecidas para ser aceptado en determinados grupos. Aprendí que no convenía que se conociese todo lo que pasaba por mi mente. Que si cometía un error en alguna tarea, no era un aprendizaje, sino un fracaso. Que debía amar al prójimo casi más que a mí mismo. Se daba gran importancia a ser bueno con los demás, ayudarles y perdonarles. Sin embargo, no recuerdo que me hablasen de ser bueno conmigo mismo, de la importancia de saber pedir ayuda y de aprender a dejarme ayudar. Y mucho menos de perdonarme a mí mismo. El perdón dependía de que fuese a confesar mis errores a una persona y esta me pusiese unas tareas para conseguir ese divino perdón.

Por supuesto, nadie me habló de vivir el momento presente y de la importancia que eso tiene. En cambio, sí se me recalcó la relevancia del pasado, de dejar un buen recuerdo allá donde fuese porque nunca se sabe... También de la importancia de preocuparme por el futuro: estudiar para tener un buen verano, sacar buenas notas para acceder a la carrera que quisiera... Del pasado al futuro, sin pasar por el presente.

Todo eso era parte de una tendencia de la sociedad. No estaba de moda hablar de inteligencia emocional ni de meditación. Todavía no se conocía la trascendencia de estas disciplinas para nuestro bienestar.

Esta visión es la interpretación que yo hice de lo que viví. En el mismo colegio religioso al que asistí es posible que otros percibieran una realidad distinta y aprendieran a disfrutar del momento presente y a creer en ellos mismos. Pero **no es cuestión de buscar culpables, no los hay.** Antes de ir al colegio, ya tenía muchos aprendizajes asimilados. Mis padres, inconscientemente, igual que los tuyos a ti, me habían inculcado sus creencias, su forma de gestionar emociones y todos esos aprendizajes que ellos, a su vez, recibieron en su infancia. Y así podríamos ir hacia atrás en el tiempo.

RECTIFICAR ES DE SABIOS... Y PODEROSOS QUE HACEN USO DE SU PODER

El doctor Bruce Lipton, tras varias investigaciones, explica en su libro *La biología de la creencia* que no es la genética la que determina radicalmente nuestra realidad, nuestra personalidad ni nuestras enfermedades. Sino los millones de genes que tenemos activados o desactivados en función de las creencias. Es decir, que existen rasgos en la genética que se mantienen *inactivos* hasta que, por circunstancias vividas o decisiones, *cambiamos nuestras creencias.* Comenzamos entonces a desarrollar acciones novedosas, activando así nuevas cadenas genéticas que teníamos dormidas.

La principal conclusión de este científico fue que lo que condiciona a todo organismo vivo es su entorno, físico y energético, y no su carga genética, como afirma la teoría evolutiva moderna. La publicación de su libro en el año 2006 supuso una revolución en este ámbito científico, ya que colocaba sobre la mesa una idea hasta entonces no vinculada con la ciencia: cada persona, al no estar determinada por sus genes sino por su entorno y creencias, tiene el poder de crear su propio destino.

¿QUÉ SON LAS CREENCIAS? ¿POR QUÉ SON TAN IMPORTANTES?

Como te decía antes, si quieres mantener una *mentalidad saludable*, es necesario que sepas detectar cuáles son tus creencias. Al menos las más *limitantes.* Por añadidura, según la teoría del doctor Lipton, entenderás que descubrirlas y sustituirlas por nuevas creencias potenciadoras te permitirá alcanzar una vida de bienestar.

Te animo a que te abras a esta posibilidad. Mi experiencia personal y profesional me dice que tanto mis clientes como yo hemos generado grandes cambios muy positivos en la vida gracias a conocer y modificar nuestras creencias.

Las creencias son esas ideas que consideras verdades y que te guían a la hora de vivir tu vida. Por eso son tan importantes, porque hacen de *filtro* para interpretar lo que vives y reaccionar ante ello. Constituyen una herramienta que usas a diario de forma inconsciente. Ante diferentes situaciones, siempre te harán actuar en la misma línea. Y por eso has pasado a identificarlas como parte de tu personalidad.

Por ejemplo, si tienes la creencia de que el dinero corrompe a la gente, tratarás *consciente o inconscientemente* de no vivir con abundancia. La humildad formará parte de tu personalidad, lo que no tiene nada de malo. Sin embargo, esa creencia hará que tengas ciertos prejuicios subconscientes a la hora de optar a un puesto de trabajo mejor remunerado o a encajar en entornos de alto poder adquisitivo.

He conocido a varias personas que tienen esta creencia y afirman que han tenido que esforzarse mucho para conseguir vivir de manera digna. Sentían que podían y merecían obtener más ingresos por su dedicación y conocimientos, pero les costaba mucho dar los pasos necesarios para generarlos. Tuvieron oportunidades. Sin embargo, no se atrevieron o lo intentaron sin éxito debido a esos frenos inconscientes. Sin saberlo, estaban en un **proceso de autosabotaje.** Querían lograr un objetivo, pero algo en su interior les boicoteaba.

Este proceso de autosabotaje es común a todos los seres humanos. Nos gustaría sentirnos diferentes, cambiar algún área de la vida para sentirnos más vivos, más ilusionados, más sanos... Y, sin embargo, es como si hubiera algo que nos lo impidiese.

Las creencias generan esos frenos que te impiden cambiar. Se trata de *creencias limitantes*. Son las *responsables de ese autosabotaje*. Tu mente subconsciente detecta estrés al imaginar los cambios que supondría alcanzar ese objetivo. Por eso, las creencias constituyen uno de los pilares más importantes a trabajar en el proceso de autoconocimiento para conseguir una mentalidad saludable.

Cuando una persona tiene claro un objetivo y sabe los pasos que tiene que dar pero no avanza, necesita detectar cuáles son esas creencias limitantes. Para ello, requiere la perspectiva externa y objetiva de otra persona que le muestre lo que ella no es capaz de vislumbrar. Nos pasa a todos. Utilizamos la mente como un farol, y con él siempre iluminamos los mismos rincones. La ayuda de otra persona nos hace ver que hay más rincones que iluminar y que en ellos está la salida.

Esta es la razón de que te cansen y enfaden, si es tu caso, gurús y visionarios que te dicen que si no consigues algo, es porque no quieres. Estas personas ofrecen un curso o un método guiado para conseguir un determinado resultado. Pero no tienen en cuenta las creencias limitantes, propias de cada individuo, que pueden entrar en conflicto con el objetivo a alcanzar.

> Sin un trabajo previo de autoconocimiento es imposible desbloquear tus frenos y utilizar toda tu energía para conseguir esas metas que darían más calidad a tu vida.

Las creencias son afirmaciones que valoramos como absolutamente ciertas. Pero si las contrastamos con la realidad, esta nos demuestra que no son tan ciertas.

Por ejemplo, una creencia puede ser: «Creo que no soy valiente como para hacer un viaje en solitario». Si tu sueño es conocer nuevas culturas, hacer un voluntariado o fotografiar las maravillas de este planeta, es muy probable que nunca lo realices si mantienes esa creencia. La alternativa es restarle importancia a ese deseo y autoconvencerte de que no necesitas realizarlo.

Este tipo de creencias son muy dañinas porque, como te decía, son *creencias limitantes*. Imagina lo que ocurre cuando aceptas como cierta una afirmación que te limita para lograr tus sueños y ser plenamente feliz.

Tu mente no te lo va a poner fácil cuando intentes hacer algo que te acerca a tu objetivo si entra en conflicto con esa creencia. Porque detectará un peligro y saltarán los mecanismos del estrés. Siguiendo con el ejemplo anterior, si tienes la creencia de que no eres capaz de viajar en solitario y por algún motivo tienes que hacerlo, tu estrés interior será prácticamente paralizante. Pero si has tenido la obligación de hacerlo, habrás comprobado que sí eras capaz de viajar en solitario. Y entonces admitirás que solo era una creencia limitante.

Cuando consigues ser consciente de que tienes una creencia que no te beneficia, hay que desmontarla y sustituirla por una *creencia potenciadora.* En lugar de ponerte un freno te plantará ante un trampolín. Valorarás las circunstancias de forma más objetiva y tomarás decisiones que te acerquen a tu deseo.

Continuando con el ejemplo del dinero, piensa en esas personas que creen que el dinero corrompe, te aleja de la gente que te quiere y un largo etcétera de aspectos negativos. Supongamos que cambian esa creencia por la idea de que el dinero es una forma buena de intercambiar energía, porque nos permite acceder a experiencias y objetos que pueden mejorar nuestra vida y las de las personas queridas. ¿Piensas que cuando se les proponga un puesto de trabajo mejor remunerado harán el mismo proceso de reflexión que cuando tenían la creencia limitante?

Todos tenemos creencias. Pero, ojo, no todas son malas. Algunas son muy positivas y nos han ayudado a desenvolvernos en la vida.

En mi caso, desde pequeño elaboré la creencia de que «siempre hay una solución para todo». Desde que recuerdo, ya me sentía muy diferente a mis compañeros de clase. Pero ni siquiera me sentía en minoría. Simplemente me comportaba de manera distinta a lo que se atribuía a un niño de mi edad. Esa diferencia pronto me empezó a traer dificultades, en forma de insultos y aislamiento. Sin embargo, me di cuenta de que siempre encontraba refugio, siempre había solución para esas situaciones. Conectaba con otros niños y, sobre todo con niñas, con las que me sentía a gusto. Iniciaba alguna actividad que me daba más satisfacciones que las actividades establecidas en mi colegio. Por eso aprendí a buscar y buscar. Sabía que probando cosas diferentes encontraría algún sitio en el que me sentiría mejor que si me quedaba parado aceptando lo «normal».

Esa creencia, sin yo saberlo durante muchos años, me ha permitido sacar energías en momentos difíciles. Gracias a ello he superado muchas otras creencias limitantes. Sabía que no debía conformarme: si otras personas podían sentirse realizadas, felices y sanas, yo también lo conseguiría. Solo tenía que encontrar «mi camino».

Recuerdo que mi mejor amiga siempre me decía que yo tenía las cosas muy claras y que siempre conseguía lo que me proponía. Yo no lo veía así. ¡Ojalá tuviera las cosas claras!, pensaba yo.

Me habría sido mucho más fácil saber qué quería, qué necesitaba, y hubiera ido directo a por ello. Ahora entiendo que había algo que sí tenía claro: mi creencia. Esa creencia que no me permitía conformarme con una vida en la que no me sintiese a gusto.

En el tema de las creencias ocurre una cosa muy curiosa. Cuando descubres que tienes una creencia limitante y se la cuentas a alguien, es muy probable que esa persona te mire con incredulidad.

—¿Cómo vas a pensar eso?

Cuando se lo explicas, suelen continuar con una frase parecida a esta:

—¡Eso no ha podido ser tan importante para ti!

No es de extrañar. A nosotros mismos nos cuesta bastante reconocer, en un principio, la importancia que ha tenido una determinada creencia en nuestras vidas.

Te pondré otro ejemplo: una persona que en su infancia sufrió la muerte de una figura parental. Imagina cómo cambiaron las circunstancias de su vida, las emociones que se vivieron durante un largo período de tiempo en su entorno cercano… Probablemente, esa persona adquirió la creencia de que *vivir implica sufrimiento*. Pero incluso, la misma afirmación subconsciente de que *este mundo es un valle de lágrimas* tendrá diferentes repercusiones según la persona: a algunas les llevará a aceptar con mucha dificultad los momentos de felicidad. A otras les costará admitir que merecen sentir placer y relajación. Otras buscarán relaciones con personas que se prohíben la alegría, tienden a estar tristes, melancólicas… En general, todas tendrán muy presente en el subconsciente que en cualquier momento puede ocurrir una desgracia, algo que alterará su tranquilidad y desorganizará su vida.

> Lo malo de las creencias es que no nos damos cuenta de que las tenemos ni de que influyen en las decisiones que tomamos.

Si le preguntásemos a una de esas personas del ejemplo si tienen esa creencia, si piensan así, su respuesta inmediata sería que no. Dirían que es una exageración.

Sin embargo, si reflexionasen con calma y en profundidad, acabarían diciendo que el mensaje de esa frase es una obviedad:

—¡Claro que este mundo es un valle de lágrimas! Te podría poner mil ejemplos para demostrártelo —te dirían.

Incluso aceptándolo, les costaría mucho darse cuenta de la trascendencia que esa creencia tuvo y tiene en sus vidas. Esa creencia es un filtro que está detrás de muchas decisiones y situaciones que experimentaron en su vida.

¿Cuál imaginas que sería su tendencia: hacia el optimismo o hacia el pesimismo? ¿En qué situación piensas que se sentirían más seguras y relajadas, cuando hay un drama en su vida o cuando todo va bien?

Para su aliado, el subconsciente, la situación dramática sería algo conocido y manejable. Sabría que se puede sobrevivir al drama. Sin embargo, una coyuntura completamente positiva generaría una tensión previa porque si este mundo es un valle de lágrimas, se preguntarían: «¿cuánto tiempo falta para que llegue el siguiente disgusto?».

Por favor, no las ignores: tus creencias tienen importantes repercusiones en tu vida.

Las creencias y sus emociones

Como hemos visto, las creencias son pensamientos que asumes como ciertos y en los que te basas para tomar decisiones de manera generalmente inconsciente. Por tanto, forman parte de esa cara de una misma moneda que llamamos **mente.**

¿Qué piensas que ocurre en tu **cuerpo** si tienes creencias relacionadas con que la vida es peligrosa? ¿O que la vida es muy injusta?

Exacto: sentirás miedo, rabia… **¡emociones!** Una emoción es esa sensación que se siente en el cuerpo y que calificas como rabia, alegría, amor… Son procesos bioquímicos que vive tu organismo. En general, no sabemos identificarlas del todo porque no las percibimos por ninguno de los cinco sentidos por los que recibimos la información. Y es que las emociones son algo *interno.* Por eso, la capacidad para detectarlas dependerá de lo habituados que estemos a *escuchar a nuestro cuerpo.* Algo que, con el ritmo de vida que llevamos, no tiene mucho espacio en nuestra agenda.

Todos percibimos de forma clara las emociones cuando son intensas. Por ejemplo, esa alegría que sientes ante una gran noticia… O la rabia que te inunda cuando alguien te engaña. Sin embargo, no solo en esos momentos el organismo está sometido a las emociones y a sus consecuencias bioquímicas. Continuamente estamos emocionándonos. Eso sí, con una intensidad menos elevada.

El hecho de que una emoción sea de baja intensidad no significa que no tenga repercusión en el organismo. Cada emoción que sentimos tiene unas consecuencias neurológicas que se transforman en una repercusión hormonal que **provoca cambios en nuestro equilibrio interior.** Por suerte, el cuerpo tiene mecanismos para compensar esos desajustes. Pero si esas emociones se mantienen en el tiempo, el organismo estará sometido a un estrés interior demasiado elevado y, por supuesto, nada beneficioso.

No todas las emociones tienen la misma repercusión en el interior de tu cuerpo. Algunas, las que menos nos gustan —miedo, tristeza, rabia…—, provocan mayor estrés interior que las que sentimos como positivas —orgullo, amor, alegría…—.

¿De qué depende la emoción que sientes en cada momento?

Las emociones no llegan a ti de forma fortuita, sin una causa que las provoque. La emoción que sientes en un momento determinado depende de dos factores:

- **El aspecto en el que pones tu atención.** Con algo que te ha ocurrido, ¿piensas en ti o piensas en los demás? ¿Te centras en el futuro, en lo que puede pasar, o te enfocas en el presente, en lo que puedes hacer ahora?
- **El significado que le das a ese hecho.** De todo lo que está ocurriendo y de las diversas lecturas que puedes hacer de esa circunstancia… ¿con qué te estás quedando? ¿Cómo crees que eso afectará a tu vida?

Como ves, existen numerosas variables que hacen que ante un mismo hecho se puedan sentir diferentes emociones. Por eso hay autores y filosofías que aseguran que las emociones no son reales, que hay que ignorarlas porque son cambiantes.

Mi opinión es que te dan una información muy valiosa de **cómo filtras la realidad.** Te permiten entender qué patrones de pensamiento tienes, a qué le das importancia y qué estás pasando por alto… Por ello, las emociones son una de las puertas de acceso a tu autoconocimiento.

La física cuántica nos demuestra que la realidad depende del observador. Cuanta más información tengas de ti mismo como observador, antes podrás adaptar tus «lentes» para ver la realidad de una forma que te beneficie.

Te voy a pedir que hagas un ejercicio. Recuerda un suceso similar que hayan vivido dos personas y en el que cada una se lo haya tomado de forma diferente. Por ejemplo, ¿conoces a dos mujeres cuyas hijas se hayan divorciado? El acontecimiento real es el mismo y, sin embargo, una de ellas lo puede ver como algo positivo o solo como un paso más. La otra quizá siga un proceso de pensamientos negativos que le origina un sufrimiento profundo.

Estas diferencias también pueden observarse en personas que trabajan en la misma empresa y son despedidas. Algunas personas buscan otro empleo inmediatamente, deciden emprender o disfrutar de ese tiempo para hacer algo que antes no podían. Otras entran en un estado depresivo, con una disminución importante de su autoestima y percibiendo muy pocas opciones de qué hacer a corto o largo plazo.

Puedes pensar que las circunstancias seguramente serán diferentes: influye si hay hipoteca, hijos, la edad… Cierto, todo eso es determinante. Pero créeme, si lo analizas en detalle, influye mucho más la interpretación mental que hace esa persona de lo ocurrido.

Y, ¿adivinas qué influye en esa interpretación de lo que nos pasa y en el estado emocional que adquirimos? Exacto, las creencias que tenemos.

¿Piensas que esa persona que entra en una espiral de sufrimiento es consciente de que está condicionada negativamente por sus creencias? En absoluto.

> Hablar de la relación mente-cuerpo es hablar de la relación creencias-emociones.

Ni ella, ni tú ni yo. El cerebro instaló creencias en la mente subconsciente porque las consideró guardianas de nuestra supervivencia. Por tanto:

Si quieres cuidarte y mantener una mente sana en un cuerpo sano, te conviene conocer tus *creencias* —autoconocimiento— y aprender a *gestionar tus emociones* —inteligencia emocional—.

En el ejemplo de los despidos en la empresa, en las emociones, la segunda persona se focaliza en la pérdida, otorgándole la categoría de desgracia. La emoción que su cerebro envía a su cuerpo es de tristeza, frustración y miedo.

La otra persona centra su atención en el presente, no en el pasado. Lo entiende como una ocasión para avanzar y ve la oportunidad que implica cualquier nueva situación. Pone el foco en ella y no en la empresa. Lo percibe como la coyuntura adecuada para utilizar los recursos aprendidos y la experiencia generada a fin de encontrar una salida mejor. La emoción que sentirá estará relacionada con el amor a uno mismo y la alegría de diseñar un nuevo futuro, más enriquecedor y estable.

Yo pasé por una situación similar hace años. Me enfoqué en mi desempleo como una situación muy inestable, que se iba a repetir durante muchos años y en la que no podía hacer nada, salvo esperar a que me llamasen para cubrir otra baja. El significado que le di fue que había elegido mal mi profesión, que nunca conseguiría estabilidad laboral, que no era suficientemente bueno como para trabajar por mi cuenta emprendiendo mi propia clínica. Imagina el estado emocional en el que entré.

Creencias que te arrastran al sufrimiento

Sabemos que la negatividad no es buena compañera de viaje. Sin embargo, hay días o épocas en las que lo vemos todo negativo.

El hecho de ser una persona pesimista está directamente relacionado con tener incorporadas *determinadas creencias* en el sistema inconsciente de razonamiento.

Durante mis años de consulta como fisioterapeuta comprobé lo que los científicos ya han demostrado:

> Las personas que ponen su atención en la parte negativa de la vida sufren más problemas de dolor físico.

Hay personas, sobre todo mayores, que han desarrollado el hábito de destacar una parte de su vida que valoran como negativa: una enfermedad, el temor a perder a su pareja, la disminución de su autonomía… Estas personas tienen activadas unas creencias limitantes muy insanas para su organismo. Una muy común es: «Ya nunca volveré a estar bien». También la han activado algunas personas que han superado un infarto o un cáncer. A través de esa creencia le están diciendo siempre a su cuerpo que hay algo negativo que puede ocurrir o que ya está ocurriendo.

En mayor o menor medida, todos hemos vivido épocas en las que con un problema en mente, no solo de salud, hemos entrado en ese *círculo de negatividad*. Sin comprender que mantener incesantemente presente ese problema en la cabeza nos hace perder salud. El cuerpo nos envía pequeñas señales: insomnio, dolor, infecciones… En lugar de romper ese círculo vicioso de negatividad, tomamos alguna pastilla para acallar los síntomas y continuamos poniendo el foco en ese problema tan «tremendo».

Lo que conseguimos es añadir al problema de origen otro nuevo: la **tremenditis,** en su versión aguda, o el **tremendismo,** en su versión crónica. Es decir, logramos «inflamar el problema» con nuestros propios pensamientos. En ocasiones, ni siquiera es nuestro problema, sino el de los hijos, padres, pareja... Creamos una película en la que ni somos los protagonistas ni tenemos toda la información o los recursos para conseguir una salida óptima.

Por supuesto, a veces los problemas que llegan a nuestra vida sí son realmente importantes. Puede que supongan un antes y un después. Pero hay un *filtro* que hace que un problema ocasione aún más sufrimiento y más pérdida de salud: la creencia de que todos los cambios que llegan y no deseamos son negativos.

Si tienes incorporada esta creencia, tiendes a evaluar de manera inconsciente como «terribles» las consecuencias futuras que imaginas que traerá cualquier situación inesperada.

Es muy importante que examines con detenimiento esta creencia porque algún día podría ocurrir algo que podría poner en riesgo tu equilibrio emocional. Antes de que suceda, te conviene recordar los *efectos secundarios* de tener una mente con *tremenditis*.

Y, sobre todo, debes saber que dispones de la opción de *cambiar de enfoque* ante lo que ocurra. Tu mente tiene la capacidad de disminuir ese pensamiento negativo si la entrenas para percibir cada situación desde una perspectiva más amplia. Cualquier cambio importante en tu vida, e incluso cualquier pérdida, puedes observarlo con una perspectiva positiva: recordando el aprendizaje que te aportó ese puesto de trabajo perdido; valorando y agradeciendo el amor y disfrute que tuviste con esa persona que ya no está en tu vida; redirigiendo el tiempo libre a nuevas estrategias para dejar que entren nuevas personas y experiencias en tu vida...

> Revisando tus creencias puedes generar una mentalidad saludable que te permita salir de la tendencia a la negatividad, el *tremendismo* y el estrés interior.

Analiza ahora mismo si compartes esa creencia de que «los cambios indeseados son malos». Eliminarla de tu sistema de razonamiento te resultará muy útil. Seguro que conoces a alguien que ha superado un cambio inesperado y su vida ha mejorado o sencillamente, es feliz con esa nueva vida.

No olvides que esa creencia que te está haciendo sufrir en el presente también lo hará en el futuro porque está desgastando tu sistema inmune, desestabilizando tu equilibrio hormonal y provocándote un estado emocional negativo que puede convertirse en un hábito. Esto último podría traerte consecuencias tan graves como un cuadro de depresión o ansiedad.

Vigila el poder que le das a cada problema que surge. No permitas que un problema en un área concreta afecte al resto de tu vida: es fácil dejar que la negatividad se expanda y nuble la existencia. Instalarse en el *tremendismo* es perjudicial y además, incapacitante: te bloquea, no te deja pensar ni sentir con claridad, disminuye tu energía y te debilita. Se inicia así un círculo vicioso del que cada vez cuesta más salir.

Si has pasado por alguna etapa similar en tu vida, es posible que te hayas dado cuenta de que podías haberte ahorrado mucho sufrimiento. En ese caso, integra en tu cerebro esta nueva creencia mucho más potenciadora: «Los cambios indeseados también traen cosas positivas a la vida». No querer aceptarlo es negarse a entender cómo funciona la vida... De ello hablaremos más adelante.

4
Tu mente preocupada

La preocupación puede convertirse en una de tus mejores excusas y peores inversiones.

Otro de los patrones mentales que afecta al equilibrio del organismo es la preocupación. Es una pauta interiorizada en nuestra cultura como algo positivo. Como una señal de responsabilidad. Nos lo enseñaron así desde pequeños: en el colegio, en la familia, en el instituto.

En mi caso, he sufrido las consecuencias de recurrir en exceso a esta forma de utilizar mi mente. Con catorce años ya estaba preocupado por la nota media que iba a tener en el examen de acceso a la universidad, cuatro años más tarde. La creencia era que «preocuparse es bueno porque evita futuros problemas». ¿Te suena?

Pero no nos dijeron, obviamente no lo sabían, lo siguiente:

> La preocupación genera a nivel físico un estado de alerta que, al activar el sistema nervioso simpático, desencadena procesos que desgastan nuestro cuerpo.

Imagina una goma elástica. En su estado natural tiene una determinada longitud. Si la estiras cada poco tiempo o la mantienes estirada mucho tiempo, va perdiendo su capacidad elástica y su estructura interna se va modificando. Estás manteniendo en estrés su estructura interna y llegará un momento en el que dejará de poder desarrollar de forma correcta la función que hacía al principio. Es decir, la desgastarás y la cederás.

Lo mismo sucede cuando tu organismo lleva demasiado tiempo en estrés interior: deja de funcionar equilibradamente y comienza a dar síntomas.

Llega un momento en que el proceso por el que recupera su equilibrio natural, llamado homeostasis, no puede producirse por ese estrés mantenido en el tiempo. **¡Tu mente no está dejando «vivir» a tu cuerpo!**

Pre-ocuparse: ocuparse con antelación

Es posible que te siga pareciendo que preocuparse tiene sus ventajas. Por eso, precisamente, es una creencia: la asumes como una verdad.

Sin embargo, no es cierto que preocuparse sea algo bueno. Para desmontar esta creencia es necesario que analices la palabra en sí misma. *Pre-ocuparse* implica una acción previa a lo que es ocuparse en realidad del asunto en cuestión.

Cuando tratas de solucionar un problema, tomas decisiones y haces algo para que cambie la situación. Sin embargo, el estar *pre-ocupado* **no implica acción.** Ni tampoco se refiere al proceso de tomar las decisiones necesarias para encontrar una salida al problema. La preocupación es un estado en el que se le da vueltas a un tema, sin la intención real de tomar una decisión para solucionarlo.

Incluso, en ocasiones, sabes que no puedes hacer nada por cambiar esa situación. Aun así, continúas preocupándote. Pero ¿para qué te sirve? En términos de efectividad estar preocupado es un estado que no proporciona nada bueno ni práctico. Es inútil e insano.

Contra la preocupación: acción

Por eso, te invito a que, cuando tengas una preocupación, des un paso más: **ten la firme voluntad de tomar una decisión que cambie tu estado emocional.**

Antes de actuar necesitas tomar distancia para ampliar tu perspectiva del problema y decidir qué acciones puedes realizar para solucionarlo. Ni es imposible ni es una forma de ocultar la realidad. Más bien al contrario. Es tratar de ver la realidad completa, todo lo que hay alrededor de ese problema y no solo aquello que más te afecta a ti. Al cambiar el enfoque es posible que ya no lo veas como un problema, sino como una circunstancia que puedes aprovechar en tu favor, que te puede enriquecer y hacer crecer.

La decisión a tomar variará según la situación a la que te enfrentes. Puede ser algo tan simple como compartir tu preocupación con alguien; adaptar temporalmente tu agenda y tus hábitos a la nueva circunstancia; estudiar nuevas opciones buscando más información; hacer alguna actividad que te guste y te evada de esos pensamientos… Con estas acciones estarás ocupándote de sentirte mejor con ese desafío en lugar de preocupándote.

Dicho así puede parecer fácil. Y en realidad lo sería si no tuviésemos **miedo.** Miedo a tomar decisiones, miedo al qué dirán si no nos mostramos preocupados, miedo al fracaso por no habernos preocupado lo suficiente, miedo a sentirnos vacíos sin esa preocupación… Algunos de estos miedos puede que te parezcan absurdos, pero son muy frecuentes.

> El riesgo que tiene vivir desde la preocupación es perder el protagonismo de tu vida.

Cuando tienes el foco de atención puesto en los demás: padres, hijos, pareja, o en el trabajo, la situación política…, te olvidas de cuidarte y disfrutar de lo que a ti te hace feliz. No caemos en la cuenta de que cuanto más felices seamos nosotros, más felices vamos a hacer a los que nos rodean. ¿Qué hijo no preferiría a una madre feliz en lugar de a una madre eternamente preocupada por él?

Hay personas que viven su existencia a través de los suyos. La vida de sus hijos y nietos es la que les llena de vitalidad, en el mejor de los casos. En otros, les abruma con preocupaciones y sufrimiento. En estos últimos, esas personas creen, inconscientemente, que preocuparse es bueno y cuando todo va bien tienden a buscar preocupaciones donde no las hay. Para prevenir riesgos, tratan de dar consejos a sus hijos sobre el cuidado de los niños, sobre cómo llevar un hogar, una familia…

Estas personas no se sentirían cómodas dejándose de preocupar por los suyos. Sus patrones de pensamiento se lo ponen muy difícil. Sentirían un vacío interior muy negativo que interpretarían como falta de sensibilidad y desapego.

Les cuesta entender que sus hijos no les llamen con tanta frecuencia como quisieran, que no vayan a comer todos los domingos, que no les consulten sus decisiones importantes… Y todo por la creencia de que vivir sin preocuparse no es de buenas personas.

Si tus padres pertenecen a esa generación, te vendrá muy bien comprenderlos desde esta perspectiva. Su subconsciente les hace mantener esos patrones de preocupación constante. Quizá sientas que hagas lo que hagas, nunca se sienten tranquilos. Esto ha podido generarte un sentimiento de culpabilidad que actúa sin que te des cuenta, bajando tu autoestima y provocando estados emocionales negativos. Hablaremos de la culpa más adelante.

Antes de terminar con este tema quiero aportar una idea adicional: **la preocupación, como hábito de pensamiento, puede crear un falso sentimiento de bienestar que esconde una realidad pendiente de resolver.** Implica dejar de solucionar algún asunto en la vida que no se quiere afrontar. Puede que en algún momento te haya sucedido. Te pondré mi ejemplo por si te ayuda.

Hubo una época de mi vida en la que caí en este juego. Me sentía muy preocupado por mis padres y por la situación que estaban atravesando. En realidad, yo no podía hacer nada por cambiarla, pero sentía la necesidad de sentirme preocupado por ellos. Cogí el hábito de llamarles a diario. Si pasaba dos días sin hacerlo, me sentía mal.

En realidad, me servía para esconder un **sentimiento de soledad.** No me atrevía a reconocer que me había negado a mí mismo la posibilidad de tener una pareja. Vivía solo y me había encargado de tener una agenda suficientemente ocupada como para encontrar siempre alguna excusa ante todo lo que implicase conocer gente, encontrar pareja.

Tener en mente a mis padres, estar preocupado por cómo llevaban sus vidas y sus problemas de salud me hacía sentir bien. Como un modo de demostrarme que tenía sentimientos, que no había aplacado mi afectividad y que seguía teniendo amor en mi vida. Ese era mi falso sentimiento de bienestar al vivir preocupado. En el fondo, estar preocupado por ellos me servía para evitar el miedo que me daba exponerme a empezar una relación sentimental y sufrir de nuevo una dolorosa experiencia.

5
Gota a gota vas llenando tu vaso

La gota abre la piedra, no por su fuerza sino por su constancia.

OVIDIO

La ciencia ya ha demostrado cómo los pensamientos negativos influyen en el equilibrio del organismo. Alteran el sistema nervioso, llevándonos a un exceso de tensión que conlleva un enorme gasto energético. En ese estado necesitamos energía extra para mantenernos alerta, por si aparece ese «peligro» que imaginamos en forma de accidente, injusticia o fracaso.

Aceptamos sin dudarlo la relación entre un disgusto emocional importante y el hecho de sufrir a continuación un infarto, un desmayo… Sobre todo, en situaciones repentinas, cuando el proceso causa-efecto es muy rápido. Pero hay algo que no vemos tan claro:

> Las situaciones menos «traumáticas», pero más prolongadas en el tiempo, tienen también consecuencias negativas para el organismo.

Dada su gran capacidad de aguante, nos cuesta entender que nuestro organismo va acumulando todo lo que le pasa, como el famoso vaso de agua que se llena gota a gota. Esto ocurre tanto física como mentalmente.

En el cuerpo vamos acumulando tensión muscular y un buen día nos levantamos con dolor de espalda. Lo primero que pensamos es qué hicimos el día anterior. No aceptamos que llevamos tiempo exigiendo mucho al cuerpo, durmiendo mal, sufriendo estrés en el trabajo o en el entorno familiar y con escasa o nula actividad física que permita a los músculos activarse y recuperarse.

En el caso de la mente, esos pensamientos y sus emociones correspondientes equivalen a las gotas que van colmando el vaso. Aprender a gestionar esos pensamientos recurrentes y sus emociones resulta clave para evitar que el vaso se sature.

¡Peligro! De emoción a estado emocional

Las emociones se originan a partir de pensamientos y creencias que se activan en la mente. Tienen una misión: advertirnos de algo para emprender una acción. De hecho, etimológicamente, emoción hace referencia a energía y movimiento. Al sentir una emoción, el siguiente paso lógico sería realizar una acción, darle una respuesta a ese estímulo que ha provocado la emoción. Lo hacemos siempre sin darnos cuenta. Por ejemplo, cuando sentimos miedo ante algo que vamos a hacer tomamos precauciones, nos informamos más…

Pero, en ocasiones, la respuesta que damos a una emoción no es la que más nos beneficia. Incluso podemos llegar a bloquearnos sin ser capaces de ofrecer ninguna respuesta. Entonces, esa emoción se mantiene en el cuerpo, pidiendo un cambio, una acción. Si se prolonga en el tiempo y no hacemos nada por salir de esa turbación interior, pasará de ser una emoción a ser un **estado emocional.**

Por experiencia profesional sé que a muchas personas les cuesta detectar y sentir emociones. Tengo clientes que me dicen: «Hace mucho que no siento tristeza» o «Yo no me enfado, nunca siento rabia». En estos casos, aunque inconscientemente las personas huyan de sentir algunas emociones, en su mente permanece la información que provocó esa emoción. Ante el menor estímulo que les recuerde esa información, se generará de nuevo la misma emoción y ellos harán, una vez más, el esfuerzo inconsciente de sustituirla por otra. Este bloqueo emocional se traduce en un estrés bioquímico continuado para el organismo.

Tu cuerpo te envía a diario pistas sobre tu estabilidad interior en forma de emociones. Aprender a reconocerlas y gestionarlas es una gran herramienta para mejorar tu calidad de vida.

NO SIRVE NEGAR O CAMBIAR UNA EMOCIÓN POR OTRA

La energía que mueven las emociones necesita ser expresada. Cuando reprimes una emoción y la modificas por otra, estás impidiendo que esa energía se libere. Todos tenemos una emoción que sentimos con más frecuencia que otras y que como verás tiene sus consecuencias. Te pondré un ejemplo:

Imagina que en tu trabajo has vivido una situación en la que se ha desarrollado lo que para ti es una injusticia. Alguien se ha atribuido una labor que en realidad habías logrado tú. Gracias a tu trabajo, ese alguien consigue la felicitación de vuestro superior. En ese momento la emoción que tu cuerpo debería sentir es **rabia.** Pero una rabia «sana», no una rabia «inflada», que es la que sacamos cuando ya hemos aguantado demasiado.

La rabia tiene diferentes grados: enfado, ira, asco… Es la emoción que surge cuando se detecta una injusticia. Está diseñada para movilizar determinadas hormonas en el organismo que nos hagan activarnos y pasar a la acción, a defender lo nuestro.

Se requiere esa energía para proteger lo que es tuyo, para desenmascarar una mentira, para decidir lo que sí quieres en tu vida y rechazar lo que no quieres. Para mantener tu autoestima.

Sin embargo, no siempre actuamos atendiendo a esa rabia «sana» y optamos por callarnos. Revisa si en tu mentalidad hay creencias que te indican que «no es bueno enfrentarse a las personas», que «hay que evitar el conflicto» y que «el tiempo pone a cada uno en su sitio».

Si es así, habrás creado un filtro que dificultará que sientas la emoción rabia, lo que te limitará para defenderte de las injusticias, mentiras y demás situaciones que no deseas en tu vida. Tenderás a callar tu opinión, tu verdad.

Es muy posible que la consecuencia de ese filtro sea que en vez de rabia sientas tristeza. Estás cambiando, debido a tus filtros inconscientes, una emoción por otra. El resultado es que te sentirás con el ánimo por los suelos y comenzarás a darle vueltas al tema, buscando las causas, tratando de entender por qué la otra persona ha actuado así, por qué tu jefe no se percata de la situación, por qué sigues ahí, por qué tienes tanta mala suerte de encontrarte con este tipo de gente… en lugar de hacer valer tus derechos con el impulso de la rabia.

Todas conllevan energía, pero la emoción tristeza desencadena unos procesos internos muy diferentes a los de la emoción rabia.

Al sentir una emoción con mayor frecuencia que otras, **tenemos un exceso de determinados procesos hormonales y bioquímicos asociados a esa emoción.** Y he aquí la consecuencia física: esta situación supone un desequilibrio para el organismo, ocasionando un estrés interior que dificulta tu bienestar.

Emociones y salud

Hemos visto hasta aquí dos aspectos claves para mantener una mentalidad saludable que te permita vivir plenamente. Por un lado, **las creencias** y por otro, **las emociones.**

He querido hacerte ver la importancia que esas creencias tienen en tu subconsciente. También hemos visto cómo una mala gestión de las emociones puede hacer que te quedes anclado ante determinadas situaciones, sin saber pasar página.

En la actualidad, la repercusión de las emociones en la salud está comúnmente aceptada. De hecho, es tan obvia que existe una rama médica dedicada a estudiar esta relación, la medicina psicosomática.

Seguramente conocerás a alguien que sufrió una pérdida importante y desde entonces tiene algún problema de salud. En mi consulta me encuentro a menudo con personas que terminaron una relación o que perdieron a una figura parental y desde entonces, han desarrollado algún *proceso psicosomático.*

Ante sufrimientos tan agudos, la emoción de tristeza que se desencadena es muy intensa. A veces, tras esa reflexión que provoca la tristeza, sacamos la conclusión de que es muy peligroso estar ligado de forma afectiva a alguien. Porque se puede ir o nos puede dejar, ocasionándonos un gran sufrimiento. Esos pensamientos provocan entonces otra emoción: **el miedo.**

Como hemos visto, el cerebro subconsciente, el que gestiona las emociones, se encarga de tu protección y supervivencia. Y si no aprendemos a sentir las emociones, a gestionarlas y entender su mensaje, podemos desencadenar una cadena de procesos negativos. Ese entendimiento y su gestión es lo que conocemos como *inteligencia emocional.* A pesar de lo importante que es, nunca nos han enseñado nada de esto por mucha educación y formación que hayamos recibido. Pero estás aquí para aprender a gestionarlo.

6
ANTES DE EMPEZAR TU VIAJE HACIA UNA MENTALIDAD SALUDABLE…

Tus decisiones son los transbordos del viaje que te ha traído hasta aquí.

Al inicio de esta primera parte del libro —«Cómo funciona tu vehículo»— te hablaba de tres parcelas por las que nos manejamos en la vida y que necesitamos convertir en jardines. Las parcelas o jardines, que numeraremos a continuación, corresponden a los tres tipos de relación que estableces cada día:

- contigo mismo: tu jardín interior,
- con los demás: tu jardín compartido,
- con la vida y sus leyes: tu jardín exterior.

El objetivo de este libro es que crees una *mentalidad saludable* para vivir sin el estrés mental que pueden ocasionarte las relaciones en cada jardín. Al comprender las leyes que las rigen y entrenar tu nueva forma de pensar y actuar, pasarán de ser parcelas estresantes a apacibles jardines que te enriquecerán día a día.

Lo primero que tienes que aprender es una ley principal que opera tanto en tu cuerpo, que es tu vehículo, como en tus jardines: **la ley de causa-efecto.**

Esta ley afirma que todo efecto, toda circunstancia que nos ocurre, tiene una causa. Al principio, solemos encontrar ciertas resistencias antes de aceptar esta norma. No es de extrañar, ya que, si lo analizamos, nos entrega directamente la responsabilidad de nuestra vida. Para lo bueno y para lo malo.

Abrirnos a aceptar que somos responsables de los resultados y las circunstancias que tenemos en nuestra vida no es fácil. Sobre todo porque durante la etapa de aprendizaje no se insistió en ello. Al menos, no en todas las áreas de la vida.

La importancia de tomar decisiones: causa-efecto

La realidad es que continuamente estamos tomando decisiones. Incluso dejar pasar el tiempo y no decidir sobre algo también es tomar una decisión. Las rutinas diarias son decisiones voluntarias que tomamos hace tiempo y nos hacen olvidar otras muchas opciones que podríamos estar escogiendo.

Esas decisiones se convierten en la **causa** de lo que ocurre después. A través de ellas estamos eligiendo y diseñando nuestro presente y nuestro futuro.

Otra cosa es que algunas de las opciones que podríamos escoger nos parezcan en realidad *difíciles, imposibles o nos den mucho miedo.* Eso nos hace descartarlas de nuestro abanico de posibilidades. Se reducen así las alternativas sobre las que decidimos y, en consecuencia, los resultados que obtenemos.

Si no fuese por esos miedos, las veríamos como lo que son: *opciones* que podemos tomar y que otros ya han tomado antes que nosotros en circunstancias similares.

> Si te abres a tener más presente la ley de causa-efecto en tu vida, serás mucho más consciente de qué pasos estás dando para crear la vida que deseas.

Tu cuerpo siente tus decisiones

La relación cuerpo-mente también está sujeta a esta ley causa-efecto, universalmente aceptada. Para centrarla en algo concreto, analicemos cómo funciona esta ley en la salud.

El estado de tu cuerpo, la salud de tu columna vertebral, tu tensión arterial, las condiciones de tu piel... son «efectos» que tienen una «causa». Unas veces la causa será externa. Si tienes un accidente y te fracturas una pierna, esa causa es externa a ti, a tu mente. Pero cuando el origen no es evidente hay que buscar la causa en tu mente, que es la que ordena lo que ocurre en tu cuerpo.

Si sufres contracturas musculares repetidas es que tu mente interpreta que las situaciones que vives a menudo, en el trabajo o en el hogar, son una amenaza para ti.

Si crees que tienes que estar continuamente demostrando tu valía o asumiendo una responsabilidad que interpretas como algo de lo que depende tu supervivencia o la de otras personas, esa forma de pensar producirá una serie de desencadenantes bioquímicos en tu organismo: alteración del tránsito intestinal, cambios en el *pH* de la piel y mucosas...

Aquí llegamos a las consecuencias de la ley de causa-efecto. Sabiendo cómo influye tu mente en tu cuerpo, **tú eres responsable de los pensamientos que tienes en tu mente.**

Quizá, como a mí, te enseñaron que eres responsable de lo que haces. La mayoría de las personas lo tenemos bastante claro. Sin embargo, nadie nos explicó que también eres responsable de lo que piensas. Por eso, nos cuesta mucho admitirlo.

Creemos que la mente está dominada por algo que no depende de nosotros. Podríamos llamarle nuestro *mono interior*. Ese *mono loco* que no hace más que moverse dentro de su jaula, que sería el cráneo, y que remueve, junta y separa pensamientos a su antojo. Sin ningún control. Creemos que no podemos hacer nada para detenerlo. Aceptamos que así es como funciona y sabemos que en algún momento se cansará, cuando pasen unas horas o unos días. De esta manera nos convertimos en **víctimas** de la mente.

En mi caso, siempre he odiado sentirme víctima. Es posible que a ti te pase igual. Pero es cierto que en muchos momentos he dejado de hacer cosas atribuyendo la culpa a que yo no era de esa forma o argumentando que no valía para eso. Estaba siendo víctima de mis propias etiquetas.

Eso era lo que yo pensaba de mí y, por tanto, creía que no era echar mano del victimismo. Para mí era una realidad. Sin embargo, estoy seguro de que, si me lo hubiera propuesto, habría podido hacer todas esas cosas y dejar de sentirme mal en todos aquellos momentos.

No sabía que podía analizar las situaciones desde otro enfoque. No conocía las repercusiones que tenía dejar de hacer las cosas que, en mi interior, sentía que quería hacer. En definitiva, no estaba siendo responsable de mis pensamientos y, por tanto, de mi vida.

Comparto un ejemplo. Cuando tuve mi primera ruptura sentimental importante, mi vida se desmoronó. Me sentí profundamente desgraciado, sin rumbo y sin capacidad de reiniciar mi vida con nuevos aprendizajes para evitar que se repitiese un sufrimiento similar. Asumía que yo era de una forma —celoso, absorbente, dependiente de la otra persona— y que eso nunca cambiaría. Siguiendo un razonamiento muy lógico me decía que si yo era así, tenía muchas probabilidades de que se repitiese otro abandono y, por tanto, ese sufrimiento.

Como, además, soy una persona muy sensible, pensaba que era el candidato idóneo para volverme a encontrar en esa situación terrible que estaba viviendo.

Desde mi punto de vista, sí me estaba responsabilizando de no sufrir más, de no volver a pasar por aquello. ¿Cómo? Dejando de exponerme a ese riesgo evitando iniciar una relación estable. Esa fue la única solución que encontré.

Pero ¿crees que estaba siendo responsable de elegir la vida que quería vivir? Exacto. Todo lo contrario. Estaba actuando desde la huida y desde el miedo.

Eres responsable, no culpable

Probablemente, hayas experimentado una situación similar en tu vida. Por eso quiero que grabes esto en tu mente: el hecho de que, hasta ahora, no hayas sido responsable de elegir la vida que querrías vivir no significa que seas culpable.

Es importante que diferencies estos dos matices. No te lo digo por complacerte o compadecerme. Te lo digo porque tomaste esas decisiones desde el desconocimiento. Tu mente subconsciente estaba dirigiendo tus decisiones no hacia la búsqueda de placer, sino hacia la evitación del dolor. Estabas funcionando en *modo supervivencia*.

No nos damos cuenta de que podemos elegir cómo interpretar lo que nos pasa en la vida. El motivo es que la forma de pensar está dirigida, en un porcentaje muy elevado, por nuestra mente subconsciente. Recordar que en tu vida impera la ley de causa-efecto significa hacerte consciente de que, en función de los pensamientos que maneje tu mente, actuarás de una forma u otra. Tus pensamientos son la «causa»; tus acciones y sus resultados son el «efecto».

En primer lugar, para tomar la decisión de vivir con plenitud y sin estrés es necesario reconocer que tienes ciertos pensamientos y creencias tóxicas que no te convienen. Y, en segundo lugar, aceptar que, como humano que eres, tienes la enorme suerte de poder elegir tus pensamientos y tus creencias.

Imagino lo que estás pensando:

—¿Cómo se hace eso? Parece bastante difícil.

No te preocupes. A medida que leas este libro estarás ocupándote de generar una nueva forma de pensar que te ayudará, si la pones en práctica, a utilizar esta ley causa-efecto a tu favor.

Ejercicio

Para empezar, te recomiendo que, cuando estés viviendo una situación que te desagrade y de la que te escuches quejándote, hagas este primer ejercicio de reflexión:

- ¿Vivir esta situación de esta manera me ayuda a sentir paz? ¿O, al contrario, hace que me altere, me tense y me sienta fatal?

Si la respuesta es la segunda opción, encuentra un pensamiento más positivo sobre lo que estás viviendo. Busca cómo lo viviría alguien con una personalidad diferente a la tuya y que tú «admires» de alguna forma.

No te niegues la posibilidad de adquirir esa habilidad de pensar de una forma más «relajada». No es malo. Todo lo contrario. Puedes hacerlo. Eres más que capaz de encontrar una explicación positiva al *porqué* de lo que te está sucediendo y, sobre todo, al *para qué*.

Encontrar el para qué te aportará la lección que necesitas aprender para no volver a tropezar con la misma piedra.

Créeme, tienes la capacidad de generar pensamientos sanos: esos que te ayudan a experimentar paz, que te conducen a un bienestar que también es extensible a las personas con las que compartes tu vida. Posiblemente, ahora te parezca difícil. Pero como en todo entrenamiento, al inicio hay una fase de mayor dificultad. Sobre todo si llevas tiempo viviendo más en negativo que en positivo.

Esfuérzate por encontrar esos pensamientos útiles para tu bienestar. Poco a poco verás que te resulta más fácil observar la diferencia entre pensamientos tóxicos y pensamientos sanos. Descubrirás la explicación positiva de para qué estás viviendo eso, qué es lo que necesitas aprender o qué decisión debes tomar para cambiar esa situación.

Las circunstancias que vives y las personas con las que te relacionas te hacen de **espejo.** Los disgustos que surgen te sirven de guía para reflexionar sobre lo que necesitas aceptar o hacer evolucionar de ti. Ser consciente de tus pensamientos recurrentes te dará luz sobre qué aspectos de tu personalidad y de tu vida necesitas desarrollar para sentirte en paz y equilibrio.

¿Verdad que suena mucho más constructiva esta nueva forma de pensar y de vivir tu día a día?

Como te decía antes, es probable que el ejercicio te resulte arduo al principio. Le estás diciendo a tu mente subconsciente que deje de funcionar como lo ha hecho siempre. Que se replantee sus creencias y que olvide esas emociones negativas que almacenó para protegerte. Pero antes necesita entender que todo eso no te deja vivir porque te mantiene en resentimiento y lucha interior.

Imagina el momento actual de tu vida como una época de transición, en la que tu mente consciente quiere conquistar a la subconsciente. Dominas a tu mente consciente, pero necesitas ser muy insistente para convencer a tu subconsciente. Debes estar alerta, porque los patrones subconscientes tienden a florecer con facilidad. La buena noticia es que sí, se puede.

Es imprescindible que te abras a conocerte y comprenderte completamente, a entender cuál ha sido tu forma de pensar, sentir y actuar. Pon en duda tus antiguos razonamientos y date la oportunidad de vivir desde otra perspectiva. No solo implicará un cambio en tu forma de pensar, porque al modificar tus pensamientos también darás el primer paso para cambiar cómo te sientes. Las emociones que se producirán en tu organismo serán distintas a las que surgían hasta ahora. Al pensar y sentir diferente, te resultará más fácil realizar esos cambios que llevabas tiempo queriendo hacer.

> Ser coherente con lo que piensas, lo que sientes, lo que dices y lo que haces te permitirá disfrutar de la vida en tus tres jardines.

No tengas miedo, no vas a dejar de ser tú, no vas a perder tu esencia, ni serás un fraude. No se trata tanto de cambiar como de evolucionar. De generar una **mentalidad saludable** para alcanzar un estado de bienestar que va a beneficiar tu salud mental y física. Y a tu pareja, familia, trabajo, amistades… a todo tu entorno.

Con este nuevo enfoque, tomarás *mejores decisiones*. Imagina tus decisiones como las palancas de las vías de tren que, en cada intersección, deciden qué ruta coge el tren. Se abrirá ante ti un mundo de posibilidades.

Desde el punto de vista energético, tus decisiones son las que ordenan hacia dónde mueves tu energía. Tú eres energía. Tu cuerpo es energía y cada órgano utiliza y transforma energía. De ahí, la importancia de conocer y controlar cómo estás distribuyendo tu energía en cada momento.

Si hay aspectos de tu vida a los que no dedicas toda la energía que necesitan, habrá regiones de tu cerebro que estarán dejando de recibir los estímulos que debieran. Es como si no estuviesen recibiendo suministro: están bloqueados, carentes. Esas zonas están interconectadas con áreas físicas de tu cuerpo a través de conexiones neuronales. Por tanto:

> Si estás descuidando algunos aspectos de tu vida por decisiones que desearías tomar y no tomas, estás generando bloqueos de energía y de conexiones neuronales.

Estos bloqueos hacen que tus órganos no funcionen con armonía, porque no reciben la estimulación que necesitan. Unos se encontrarán con un déficit de energía y otros, con un exceso de la misma. Esta forma de entender el cuerpo está en la base de muchas terapias holísticas como la medicina tradicional china, el yoga y la kinesiología.

Por este motivo, en lo referente a tu salud y tu calidad de vida, no puedes comportarte como un sujeto pasivo si quieres mejorar y superar tu malestar. Solo tú tienes el control de esas palancas que dirigen el tren de tu vida.

Al actuar de forma diferente a como lo hacías antes, estarás equilibrando tu energía y los estímulos de tu sistema nervioso. Este salto a la acción es lo que realmente nos cuesta. La causa está en el desequilibrio generado en el organismo, un *bloqueo*, que dificulta emprender una acción en un área determinada. Sentimos malestar, pero preferimos sufrirlo antes que afrontar la decisión que debemos tomar.

Por ejemplo, si una persona necesita compartir con su pareja que sus relaciones íntimas requieren una revisión, pero teme su reacción, será difícil que pase a la acción y se exprese. Esa inacción afectará, en consecuencia, a su emoción orgullo, a cómo se siente como persona, a su valía para expresar libremente sus sentimientos. Todo ello generará en ella un estado de estrés interior que tendrá repercusiones del tipo de infecciones de orina, alteraciones cutáneas, dolores menstruales, disfunción sexual... Es decir, afectarán a cualquier zona física del cuerpo relacionada con el tema sobre el que tiene que tomar la decisión.

Recuérdalo, **eres responsable de crear lo que sientes y lo que piensas.** No te dejes llevar por la comodidad de ser víctima sin reconocerlo. Ahora que tienes este conocimiento, ya no puedes. Si comienzas a valorar la importancia de tomar tus decisiones, verás que salir de tu zona de comodidad tiene muchas ventajas.

Sé que cuesta, que hay resistencias. Llevo tiempo dedicándome a diagnosticar cuáles son esos bloqueos y acompañando a las personas a tomar sus propias decisiones y darles soporte para ejecutarlas. Implica realizar acciones que creemos que nunca podríamos hacer, pero es cuestión de abrirse a esta posibilidad. Puede implicar tener una conversación madura con una madre cuyo comportamiento está siendo tóxico; poner distancia con una persona cercana que te hace daño; declarar tu deseo y tu miedo de iniciar una relación comprometida; dejar un trabajo; perdonar y olvidar algo que te hace daño... Cada persona tiene sus propios retos y a cada uno le estresa lo suyo.

La primera muestra de valentía para iniciar el camino hacia tu bienestar es *reconocer sinceramente* que la situación en la que estás no es buena. ¿No es tan difícil verdad? Mostrarse vulnerable y aceptar que llevamos demasiado tiempo en una situación de malestar te abrirá las primeras puertas hacia esa mentalidad saludable.

Ahora, en la segunda parte del libro, comenzaremos a examinar la primera de esas tres parcelas que maneja tu mente: tu jardín interior, que es tu relación contigo mismo. Y en los apartados sucesivos, los otros dos jardines. Veremos cómo cuidar los tres jardines para que no tengas que pensar más eso de... ¡mente, déjame vivir!

Resumen de la primera parte

Propósito

Cuidar la relación mente-cuerpo como forma de disfrutar de una vida saludable y satisfactoria.

Aprendizajes

- Vives tu vida en función de unos filtros mentales que tú puedes gestionar y modificar.
- Si quieres entenderte y dejar de sabotearte, debes reconocer la información que maneja tu mente subconsciente.
- Cuidar la relación mente-cuerpo implica analizar tus creencias y emociones.
- La ley de causa-efecto impera en tu vida. Eres responsable de tus pensamientos. Cámbialos.
- Diseñas tu vida a través de tus decisiones: las que tomas y las que no tomas, las conscientes y las inconscientes.

Nuevos focos de atención

- El autoconocimiento es el modo de superar los patrones aprendidos, los autosabotajes y los vicios emocionales.
- Las experiencias vividas, tu familia y tu entorno social son los determinantes de tu equilibrio interior, más allá de tu carga genética. Tu personalidad no solo está en tus genes, puedes modificarla.
- Tus decisiones son los pinceles para diseñar la vida que deseas y los cambios que necesitas.

Cita

Tu estado de salud y tu estado emocional son un reflejo del estado de tu mente.

SEGUNDA PARTE

Tu jardín interior. Tu relación contigo mismo

7
TU IDENTIDAD Y TU AUTOCONCEPTO

Cuestiónate cada una de las excusas
que te impiden creer en ti.

Comenzamos aquí a explorar el primero de tus jardines, tu jardín interior que cultiva tu relación contigo mismo. Sin duda, es el más importante porque te da acceso a los otros dos. Debes cultivarlo y cuidarlo para poder acudir allí cada vez que sientas malestar en tu vida.

En él estás a solas. Y en él construyes la versión más sana de ti mismo, ese yo que te permitirá vivir tu buena vida.

¿Y qué se cultiva y crece por aquí? **El concepto que tienes de ti, cómo te tratas y cuánto te valoras.** Por tanto, toca arrancar malas hierbas, podar y sembrar.

Empezaremos por la mayor de tus creencias: lo que llamas tu personalidad.

Desde tu adolescencia comenzaste a autodefinirte, a mostrarte conforme a la idea que tenías de ti. Con las *etiquetas* que te servían para diferenciarte del resto: soy una persona tímida, divertida, responsable, torpe, inquieta, reservada…

Hay dos factores que influyen en cómo te calificas:

- En primer lugar, **lo que escuchabas que decían de ti** tus padres, profesores, familia… durante tu infancia y adolescencia. No te planteabas rechazar sus opiniones y, por eso, se quedaron grabadas en tu mente. Si hablaban de ti como una persona torpe, es probable que hoy no te consideres una persona ágil. Quizá sí eras torpe, pero al asumir esa etiqueta no potenciaste las habilidades necesarias para desarrollar tu capacidad física.
- En segundo lugar, **las experiencias que viviste.** Durante los primeros años de vida, principalmente los siete primeros, el cerebro es una gran esponja que absorbe miles de estímulos y los interpreta con la información que tiene en ese momento. Como no disponías de toda la información, algunas te causaron un fuerte *impacto emocional* y te marcaron de manera profunda.

Ahora, como en la primera parte del libro, volvemos a hablar de emociones y creencias. Observa lo importantes que son y cómo moldean el carácter y nuestra actitud en la vida.

Tus emociones crearon tu personalidad

Tu cerebro emocional se encargó de almacenar aquellas sensaciones que te marcaron. En su afán de facilitarnos la supervivencia, el cerebro registra en el subconsciente las emociones negativas y los traumas vividos, pero los oculta bajo otras experiencias que sí nos gusta recordar. Es curioso observar cómo, en general, las personas afirmamos que tuvimos una *infancia feliz*. Cuando profundizamos en el tema, descubrimos *situaciones* que nos provocaron *dolor* y de las que no éramos conscientes.

La realidad es que desde que estabas en el vientre de tu madre comenzaste a sentir emociones. Si durante tu gestación ella tenía una emoción predominante, por ejemplo, de miedo, esa emoción generaba en ella determinados procesos hormonales como consecuencia. Tu organismo, en el útero, recibía a través del cordón umbilical ese desequilibrio hormonal, lo que provocaba en ti una respuesta fisiológica para compensar ese estado. Este proceso comienza a predisponerte a que sientas una emoción con más facilidad que otras. Sí, así de importante es la gestación en el desarrollo de un nuevo ser: hasta las emociones de la madre dejan huella.

A partir de esas primeras emociones, has ido generando tu personalidad. En función de lo que observabas en tu entorno, del estado emocional de tus progenitores, familia... desarrollaste más facilidad para sentir unas emociones que otras.

Como hemos visto antes, las emociones que sientes dependen de cómo enfocas lo que te pasa, y de qué significado le das. En aquellos primeros años, el *enfoque* no lo decidías tú. Tus mayores decidían a qué se debía prestar atención.

Y con el *significado* ocurría lo mismo. Ellos interpretaban si el hecho de subirte a un tobogán era un motivo de orgullo y alegría por atreverte a disfrutar y tener nuevas experiencias o si era un motivo de miedo y rabia por ser demasiado atrevido y no obedecer las indicaciones que te habían marcado.

Las emociones que hemos ido potenciando e inhibiendo determinan lo que se llama la *tipología de personalidad.* Es importante que tengas presente que tu personalidad se fue desarrollando, desde tu gestación, en función de unos factores externos a ti. Tu tipología de personalidad es el resultado de haber desarrollado más unos estados emocionales que otros.

¿UTILIZAS *TU FORMA* DE SER COMO EXCUSA PARA EVITAR HACER ALGO?

Si de recién nacido te hubieran cambiado de familia, de ciudad, de país, de entorno socioeconómico... ¿crees que serías igual que eres ahora? ¿Habrías desarrollado las mismas habilidades? Por supuesto que no. Utilizarías otras *etiquetas* para describirte.

Esto significa que **tu cerebro tenía el potencial para desarrollar todas las habilidades** y adquirir todas las cualidades positivas que conocemos. Puede que estés pensando: «¡Vaya, a buenas horas!».

Sin embargo, si piensas así, descuidas que la neurociencia ha demostrado que tu cerebro tiene capacidad de cambiar y adquirir nuevos aprendizajes y habilidades. Esto significa que:

> Eres absolutamente capaz de desarrollar una personalidad y una mentalidad saludable para vivir con bienestar.

Conozco a muchas personas que me dicen: «Ya, pero es que yo no soy así» o «Me encantaría ser así pero no puedo». Inconscientemente, todos nos autolimitamos cuando nos aferramos a nuestra personalidad.

Parece que intentar cambiarla es imposible: supondría un «fraude» a nuestra esencia. Sin embargo, la realidad es que el hecho de no hacer el esfuerzo de cambiar algo que no te gusta te posiciona en el papel de **víctima.** Implica no aprovechar la suerte de poder elegir cómo quieres ser.

Lo que no puedes cambiar es el pasado. Aferrarte a esa personalidad que, en este momento de tu vida, sientes que te limita, es vivir en el pasado.

Si en la actualidad te sientes plenamente feliz, vives en armonía y has conseguido todo lo que te proponías o te sientes capaz de lograrlo, no tienes ninguna necesidad de replantearte tu personalidad. Lamentablemente, no suele ser el caso. Si no, no estarías leyendo este libro, ni tampoco yo hubiera sentido la necesidad de escribirlo.

EJERCICIO

Realiza estos pasos para profundizar en este punto:

1. Encuentra cinco etiquetas con las que te solían describir en tu infancia y adolescencia.

2. Enumera entre tres y cinco debilidades o hándicaps que consideras que tienes en tu vida actual y que te gustaría mejorar —dificultad para hablar en público, viajar solo, ser constante, tener un cuerpo más saludable...—.
3. Observa la relación entre aquellas etiquetas del pasado y las debilidades que sientes a día de hoy.
4. Decide qué debilidades quieres ir potenciando, y establece un plan de acción para conseguirlo.

8
NO TE COMPARES, APRENDE DE TU REFLEJO

Todo lo que te molesta de otros seres,
es una proyección de lo que no has resuelto de ti mismo.

SIDDHARTA GAUTAMA, BUDA

Los seres humanos tenemos bastante tendencia a compararnos. Pensar en que otros han tenido más suerte que tú, no te ayuda a vivir con más paz interior. Sería como quedarte feliz mirando el jardín interior de otros y descuidar el tuyo.

Las personas que cultivan la espiritualidad en sus vidas suelen tener más facilidad para evitar este error de compararnos tanto. Sé que hay gente que siente cierto rechazo al hablar de espiritualidad. Se asocia a ciertas connotaciones religiosas o esotéricas, que en nada ayudan a entender lo que el mundo de la espiritualidad nos puede ofrecer. Solo voy a comentarte, porque creo que te puede ayudar, uno de sus principios: **el principio de la no-dualidad.**

Este principio afirma que todas las personas, en esencia, somos uno. Provenimos de la misma fuente. No somos tan especiales como si cada uno estuviésemos hechos de algo totalmente diferente al resto. Nuestra esencia, nuestro potencial y nuestro funcionamiento interno son comunes a todos. Compartimos los cimientos.

Si tienes en cuenta este principio, observarás que cuando te comparas con los demás te estás evaluando a ti mismo. Puedes analizar cómo funciona en ti esa parte que criticas en otros.

¿Quizá estás en el extremo opuesto y por eso te enoja su manera de ser? Cuando envidias algo o a alguien, no te das cuenta de que tú también tienes, en el fondo, las cualidades para desarrollar eso que admiras.

Y ahí entra **la ley del espejo,** que sugiere que aquello que no soportamos o que no toleramos de los demás tiene que ver con algo que nosotros mismos nos hemos inhibido y, en el fondo, nos gustaría o necesitaríamos hacer.

Tampoco somos objetivos a la hora de valorar a los demás. No nos acordamos de que esa otra persona que criticamos o admiramos ha vivido unas circunstancias emocionales muy diferentes a las nuestras que le han creado esa personalidad. Realmente, no podemos saber cómo seríamos y actuaríamos si hubiésemos tenido esas vivencias.

Como ves, esto está muy relacionado con el tema de la formación de la personalidad.

Quizá te hubiera gustado, por ejemplo, ser más alegre, como esas personas que siempre están con una sonrisa y energía para animar a todo el mundo. O tal vez ser una persona más decidida, valiente y proactiva, como esas que deciden muy rápido lo que les conviene y se ponen en marcha para conseguirlo.

Pero tus circunstancias fueron otras y las interpretaste con la información que tenías en ese momento y sin ser consciente de ello. Es algo común:

> A la mayoría nos gustaría añadir algo a nuestra personalidad que admiramos de otras personas. Utiliza la ley del espejo para beneficiarte de esa comparación: tú también tienes esa parte que admiras.

Entenderlo es el primer paso para cambiar

Tener presente que hay una *causa* que justifica por qué eres como eres, y por qué las personas que te rodean son como son, te ayudará a vivir con menos sufrimiento.

Por un lado, te permite entenderte, comprender los razonamientos que fuiste realizando para llegar a ser como eres.

Pon atención a aquellas etiquetas que no te gustan tanto. Esas de las que te quejas con frecuencia. Piensa cuando te dices: «Soy un desastre», «Soy demasiado sensible», «Necesito mucho amor», «Soy muy perfeccionista», «Necesito tenerlo todo controlado».

Recuérdate que todo eso que piensas de ti es solo una parte de cómo eres. Pero ten presente que, si te lo propones, puedes modificarlo. Tienes la capacidad de relajarte y fluir, de poner más atención y ser más reflexivo, de quererte tú más y necesitar menos amor del resto, sin aceptar chantajes ni limosnas emocionales.

No es un camino rápido. Tienes muy arraigadas esas etiquetas. Pero si hay algún aspecto de tu vida con el que no estás conforme, puedes cambiarlo, no lo dudes.

Siempre estás a tiempo de desarrollar nuevas facetas de tu personalidad. Es como si hasta ahora solo hubieras regado una parte de tu jardín. Tienes terreno fértil esperando a que plantes algo.

Ejercicio

Comienza por realizar acciones sencillas que antes no hacías por vergüenza, miedo… *Sonríe* ante situaciones que antes te irritaban. *Deja cabos sueltos* ante situaciones que antes controlabas al milímetro… *Juega* a tener una forma de ser más flexible, más relajada con tus etiquetas y *observa* cómo te sientes.

Otro beneficio de entender que una persona es como es debido a unas circunstancias que no pudo controlar es la **mejora de tus relaciones personales.**

¿Cómo? Te preguntarás. Porque se logra una gran calma y tranquilidad al tener presente que otros actúan como actúan de forma casi automática, inconsciente, movidos por unos razonamientos y unas emociones que vivieron y aprendieron en su pasado, en sus circunstancias y con sus referentes.

Es probable que esas personas sean las primeras perjudicadas y sufran interiormente las consecuencias de sus actos. Pero no saben hacerlo de otra forma y, además, creen que no pueden cambiarlo. Piensan que esa es la forma adecuada de vivir, de relacionarse en el trabajo, en la familia…

Pero, ojo, aquí conviene recordar la ley del espejo. Plantéate si tú estás en el otro extremo y por eso, te chirría tanto su forma de actuar. Si es así, reconsidera tu postura: el bienestar está en el término medio. Para ti y para los que te rodean.

9
Tu ingeniería emocional

No siempre puedes sentirte pletórico,
pero siempre puedes sentirte amado por ti.

Cada uno tenemos una forma única de gestionar las emociones. Y esa forma de prohibirnos o inflar emociones como la alegría, el amor propio o la rabia es como una obra de ingeniería cuyo resultado es la personalidad.

Emociones insanas: infladas o inhibidas

Los pensamientos que maneja la mente provocan que vivamos algunas emociones de una forma *inflada*, con una reacción más exagerada de lo que el estímulo demanda; o *inhibida*, cuando no nos permitimos aceptar esa emoción.

Es frecuente pasar alguna etapa de la vida en la que vivimos una tristeza *inflada* o una rabia *inhibida*. Sin embargo, siempre hay una emoción que destaca más en nuestra personalidad: aquella que has tendido a *inflar* con más frecuencia a lo largo de tu vida.

Seguramente te resulte fácil identificar a alguien cuya emoción dominante sea el miedo. Son personas que tienden a tomar muchas precauciones. Tratan de asegurar su vida todo lo que pueden, desde sus viajes hasta sus sentimientos. Es un exceso de miedo, un *miedo inflado*.

Una persona en el extremo contrario de esta emoción sería aquella que necesita el riesgo en su vida, no ve los peligros porque asume que la vida sin ellos no tiene emoción. Vive en el extremo de *miedo inhibido*.

> Sin ser consciente has diseñado tu propia forma de gestionar tus emociones y funcionar por la vida.

Cada persona, de una manera automática, infla e inhibe determinadas emociones.

La consecuencia de esta gestión inconsciente es que sufrimos más de lo que nos gustaría. En la vida ocurren sucesos tales como muertes, accidentes, enfermedades... que producen **dolor.** Un dolor real. Sin embargo, debemos distinguirlo del **sufrimiento** que llegamos a sentir.

Imagina el caso de dos hermanos que han vivido el mismo hecho traumático: la pérdida de su padre. El dolor es el mismo, la pérdida es idéntica. Sin embargo, la interpretación y la repercusión de esa pérdida en su vida pueden ser muy diferentes. En función de cómo aprendieron a manejarse con las emociones de tristeza, rabia..., cada uno tendrá mayor o menor nivel de sufrimiento.

Descubre tu zona mágica

Para conseguir gestionar las emociones adecuadamente, debes aprender a pensar de forma diferente. Digo debes porque la vida es un regalo que has recibido, con capacidad de aportarte mucho bienestar. Se te ha dado un cerebro que tiene la capacidad de adaptarse a nuevas formas de pensar y actuar. Tu cerebro tiene el don de la plasticidad. No es rígido, puedes cambiarlo; solo depende de ti.

> Si no eres feliz tienes el poder, y casi la obligación moral, de cambiar. El mundo necesita gente feliz. Tu familia, tus amigos, tus compañeros de trabajo, todo tu entorno estará mejor si tú estás mejor.

Ese cambio es lo que se conoce como *salir de la zona de confort*. Abandonar una zona de confort, en principio, parece innecesario. Pero ahí está la trampa. No hay confort. Es mentira. Porque, en general, no estamos del todo a gusto con lo que hacemos. Y eso nos afecta por dentro, poco a poco y en silencio, aunque nos cueste reconocerlo.

Fuera de ese espacio está lo que se llama la **zona de magia.** Son esas situaciones que llegan cuando comienzas a hacer algo diferente. Es mágica porque contiene la capacidad de darte todo eso que deseas.

Cuando visitas tu zona mágica te conectas con tu presente y con el desconocido potencial que tienes en este momento. Dejas atrás todas esas preguntas frustrantes e inútiles del pasado: «¿Por qué yo no soy así?», «¿Por qué no estudié otra carrera?», «¿Por qué no me fui a otra ciudad?». Al hacer este cambio, utilizas tus recursos para acercarte a una forma de vivir más saludable y feliz que antes veías demasiado lejana.

Hay muchísimos ejemplos de personas que salieron de su zona de confort y dejaron atrás sus creencias de carencia y limitación, desarrollando habilidades que no habían aprendido en su infancia y consiguieron así vivir y aportar desde la abundancia. Puedes pensar en grandes artistas, emprendedores, aventureros…

Este dato te lanza una pregunta. ¿Eres consciente del poder que tienes? Si aún no te has dado cuenta, te lo explico yo: puedes cambiar tu mundo.

Abandonar ese mal llamado confort y disfrutar de la buena vida. Esa en la que sientas la magia de ser tú, sin autolimitaciones ni ataduras heredadas. ¿Crees que exagero? En absoluto.

El mundo que percibes depende de tus pensamientos, de tu personalidad y de tus creencias. Si cambias tu forma de pensar, cambiarás tu mundo.

Al hacerlo, modificarás la interpretación de lo que te ocurre, de lo que haces y de lo que hacen los demás. Tu vida será completamente diferente.

Crea tu filtro sanador: opta por el amor y el placer

En este punto surge el siguiente razonamiento: si mi nivel de bienestar depende de los pensamientos que escoja para interpretar la realidad, necesitaré una especie de *filtro sanador* que me permita abandonar mi zona de confort y vivir con todo mi potencial. La pregunta siguiente es: Y ¿cómo lo hago?

Ejercicio

Te propongo un ejercicio para ayudarte a elaborar este *filtro sanador*. En primer lugar, cuando ocurra algo o tengas una duda, pregúntate:

1. **¿Lo que siento se parece más al miedo o al amor?**

Consiste en *reflexionar* si la interpretación que haces de un suceso te acerca más a sentir miedo o a sentir amor.

El miedo del que hablo aquí es un miedo inútil, insano. No es el miedo sano que utilizas para tomar las precauciones necesarias en tu día a día, evitar accidentes… Este tipo de miedo insano es el que te hace verte como un ser pequeño, limitado, incapaz de lograr algo. Te genera ideas de culpa, de injusticia, de sentirte incapaz, de no merecer… Todos esos pensamientos que transmiten a tu cuerpo un sentimiento de inseguridad, de que no puedes o no mereces estar relajado.

En el extremo opuesto está el sentimiento del amor. Sentir amor hacia ti, hacia las personas de tu entorno, tu sociedad y hacia el mundo. Sentir amor implica que te respetas, que te perdonas, que conoces tus limitaciones y las de los demás. Que sabes y aceptas que todos estamos creciendo y aprendiendo. Darte cuenta de que la vida es un regalo que quieres aprovechar para vivir plenamente, con una mentalidad saludable, porque te amas y amas a las personas.

Cada vez que sientas confusión, tristeza, el ánimo bajo... detecta qué pensamientos han originado esos sentimientos. Después, analiza esos pensamientos y valora si te acercan a sentir miedo o amor. **Si tus pensamientos te provocan sentimientos de miedo, y no de amor, te estás infringiendo un daño que podrías evitar.**

Sí, lo sé, piensas que no puedes evitar esos pensamientos. Sin embargo, la neurociencia y la física cuántica opinan lo contrario. Dales una oportunidad. Haz ese esfuerzo. **Cambia la interpretación de eso que te pasa de una forma que te acerque al amor.**

Busca otros argumentos. Imagina que tienes la capacidad de ver la vida de otra forma, y crea nuevos pensamientos sobre ese hecho o esa persona. Desecha todo aquello que te acerque a esos sentimientos de tensión interior. Elige, en su lugar, aquellos que te hagan sentir amor, respeto y comprensión.

EJERCICIO

En segundo lugar, para crear ese *filtro sanador*, reflexiona sobre lo siguiente:

2. ¿Tus pensamientos **te acercan al dolor o al placer**?

Tenemos tendencia a conservar los problemas en la mente en lugar de dar un paso más y buscar la solución. A veces, ni siquiera lo identificamos como un problema que nos ocasiona dolor. Es como si optar por el placer y la emoción *alegría* estuviese prohibido: ¿cómo vamos a buscar pensamientos que nos acerquen a sentir placer ante un problema?

Trataré de aclararlo con un ejemplo personal. Durante años estuve pensando que no había elegido bien mi profesión. Mis decisiones en el terreno laboral iban centradas a **huir del dolor** que me producían esas dudas. Hice cursos para aprender más técnicas, cambié de entorno de trabajo.

Había asumido como un error irrevocable esa elección. No me permitía crearme un escenario ideal que me aportase placer dentro de ese «error».

Solo cuando conecté con mi capacidad para reinterpretar de otra forma mi vida y me abrí a la posibilidad de **buscar placer** en ese terreno, es cuando dejé de alimentar al monstruo y pude plantar una semilla que ir regando desde el amor y no desde el miedo a seguir siempre así.

Aprendemos a conformarnos con el dolor. Aceptamos como normal que ese pensamiento negativo vuelva y vuelva a la mente. «Todos tenemos preocupaciones», nos decimos para consolarnos.

Este proceso de razonamiento hace que tengamos mucha más facilidad para conectar con el dolor que con el placer. Nos aferramos a él, mientras buscamos momentos y actividades que entretengan la mente para que nos hagan olvidar por un rato *nuestro drama*. Y así es como tomamos las decisiones, huyendo del dolor. La primera decisión que ya hemos tomado es que ese dolor se va a quedar con nosotros. Mal hecho.

Si relegas a un segundo plano el dolor que estás pasando y decides elegir qué quieres nuevo en tu vida, crearás una **nueva referencia** para tomar tus decisiones: el placer de conseguir tu propósito, independientemente del dolor que estés atravesando.

Mantienes a diario una relación contigo mismo y puedes cambiar la perspectiva de tu visión para sufrir menos. Sin dejar de ser tú mismo, pero eliminando las limitaciones de quien creías ser.

10
DEJA ATRÁS EL PASADO Y ELIGE TU PRESENTE

Ser valiente para crear tu futuro
implica aprender del pasado y vivir el presente.

Tu relación contigo mismo va a cambiar. Porque ahora ya sabes que tus percepciones están distorsionadas por tus creencias y tu ingeniería emocional, nacida de esas experiencias que no pudiste gestionar de otra forma.

Tus creencias y emociones dominantes son antiguas, proceden del pasado. Y al mantenerlas no interpretas correctamente lo que ocurre en el presente: **vives un presente sesgado por tu pasado.**

Lo primero que debes hacer es evitar lamentarte y sentir lástima por ti. Lo que has sido hasta ahora, ya no te define. Si lo aceptas habrás dado un gran paso hacia una mentalidad saludable y una vida de bienestar, tu buena vida. Lo que en realidad te marcará ahora serán tus nuevas decisiones. En cada momento puedes decidir realizar acciones que te vayan acercando a aquello que deseas.

No temas si es algo que no has hecho nunca o que creas que tu personalidad no es la adecuada para ello. Repítete: «Si no tengo esa forma de ser es porque no necesité tenerla. Si ahora siento que la necesito, puedo desarrollarla».

Supone aceptar que tienes más posibilidades de las que has desarrollado y entre ellas se incluye la de empezar a hacer cosas que hasta ahora no has hecho.

El primer obstáculo que debes salvar en el camino de crecimiento personal es el **conformismo.** Si estás leyendo este libro significa que no eres una persona del todo conformista.

Al conformarte estás *cediendo tu poder* a las circunstancias que has vivido, a las que han tenido tus progenitores, al gobierno de tu país o a las circunstancias macroeconómicas que te han acompañado durante tu crecimiento. ¡No hagas eso!

Se trata de que decidas cuáles son los resultados que quieres a partir de ahora. Para conseguirlos, necesitas rechazar **el conformismo de escudarte en tu personalidad.** Decides así abrirte a desarrollar una forma de ser más completa, más ampliada… Irás construyendo lo que se suele llamar «la mejor versión de ti mismo». A mí me gusta denominarla «la versión más sana de ti mismo».

Ejercicio

Responde a estas preguntas:

- ¿Tomaste alguna decisión en el pasado que vuelve a tu mente con frecuencia?
- ¿Existe algún sentimiento de culpa o baja aceptación hacia ti mismo por aquello que hiciste o dejaste de hacer?
- En caso afirmativo, reevalúa la situación del pasado desde un nuevo enfoque, buscando la aceptación de las circunstancias y los aprendizajes que tenías en aquella época y que te llevaron a aquella decisión.
- Vuelve al momento presente, y decide que aquello ya no tiene por qué tener más trascendencia en tu futuro. Ahora eres capaz de tomar nuevas decisiones, desde la libertad que te da aceptar lo que pasó, y no anclarte y conformarte con las consecuencias del pasado.

11
El amor a ti mismo

Potencia tu amor propio: no te dejes para después.

El primer paso para esta transformación, es aprender a quererte. A quererte más y mejor de lo que te quieres.

Ejercicio

Piensa en alguien a quien quieres mucho. ¿Cómo le tratas?, ¿cómo le hablas?, ¿qué haces por esa persona? Cuando se muestra débil o se equivoca, ¿cómo interpretas sus debilidades y sus errores? Ahora imagina que tú puedes observarte desde fuera, como si fueseis dos personas diferentes. ¿Lo tienes? Hazte entonces esas mismas preguntas:

- ¿Cómo te tratas?, ¿cómo te hablas?, ¿qué haces por ti mismo cuando te sientes mal?, ¿cómo interpretas tus debilidades y tus errores?

Por lo general nos preocupamos más y tratamos mejor a nuestra pareja, hijos, amigos… que a nosotros mismos.

- ¿Eres tan comprensivo contigo como con esa persona a la que quieres? ¿Te tratas igual de bien? Si no le juzgas, ¿por qué a ti sí?

Esto es muy importante. Si estás sufriendo o sientes que te falta salud, entusiasmo, amor... es porque en algún momento te has dejado de querer lo suficiente. O quizá nunca lo hiciste.

Es muy frecuente confundir quererse bien con cuidar la imagen, la alimentación, disfrutar del ocio o darse caprichos. Todas esas atenciones están muy bien, son muy reconfortantes, necesarias y sanadoras.

Si cuando terminan esas actividades vuelve esa sensación de vacío o malestar, necesitas quererte más a ti mismo. Pero de otra forma.

Observa si una parte de ti te dice que no eres suficiente, que no mereces más, que si te equivocaste tienes que cargar con tus errores... Todos esos pensamientos, conscientes o inconscientes, representan **fugas de amor** a ti mismo.

Creemos que nos queremos haciendo determinadas cosas que nos hacen sentir bien. El problema viene cuando descuidamos otras más importantes. Quizá sea pedirle a alguien que haga algo por ti o permitirte esa actividad que tanto te gustaría hacer. En compensación, te das otros caprichos menos saludables para tu cuerpo y tu mente: desde tomar tus dulces preferidos hasta pasarte horas frente al ordenador.

Es como si te das un golpe y en vez de poner pomada en la zona afectada, lo haces donde te diste otro golpe hace un mes. No sirve de nada.

Lo mismo ocurre con tu forma de quererte. Es inútil que intentes suplirlo con actividades reconfortantes. No es la solución.

VALÓRATE DESDE TU YO AUTÉNTICO

Quererse bien depende de la valoración que se tiene de uno mismo.

El *punto de referencia* para crear esa valoración de ti mismo está en tu mente. Tu mente tiene, en su parte subconsciente, un referente que le sirve para esta función. La comparación con ese «modelo» es la que determina tu autovaloración.

Aunque te parezca que no sabes de qué te hablo, en realidad sí lo sabes. Ese referente es **tu esencia,** tu *yo* más auténtico. La persona que serías si no hubieras sufrido en tus relaciones, si no hubieras tenido esos problemas en tu infancia, si no tuvieses miedos...

Eso es justo lo que te hace *único y especial*. En tu cerebro ese *yo* auténtico está registrado porque es la forma de ser que tenías en tu infancia. Te hacía expresarte con naturalidad y disfrutar con ello. Se le conoce como «tu niño interior».

Hay trabajos muy interesantes para reconectar con ese niño interior y permitir que vuelva a aflorar, curando las heridas que ha sufrido en el viaje de tu vida.

En conclusión:

> Que te quieras más o menos depende de lo auténtico que te estés permitiendo ser.

Ser fiel a ti, a tus valores y tus necesidades es lo que te permitirá darte amor verdadero y quererte más. Si sientes que tu autoestima está baja, que te criticas demasiado, te exiges mucho y te das pocos premios, ya tienes una idea de por dónde empezar: conócete a fondo y sé fiel a tu auténtica forma de ser.

Descubre lo que te hace único y especial

Este requisito de ser fiel a ti mismo necesita dos pilares básicos. Por un lado tienes que recordar cómo es tu ser más auténtico, aquel *niño interior*. Por otro, derribar ese muro que te impide mantener una relación sana y fiel con ese ser que desprende tanta luz.

Quizá no lo sabías, pero te pareces mucho a una cebolla. No te preocupes, yo también. Lo que la gente ve de ti y lo que tú ves si te miras frente al espejo es la capa más *superficial*. También suele ser la que más cuidas, porque es la que muestras.

Sin embargo, esa cebolla es mucho más que esa capa. A lo largo de su crecimiento se han ido creando capas y capas. Todas han sido importantes para su desarrollo y le han permitido convertirse en una cebolla con muchas propiedades. Todas esas capas han sido útiles. Pero si queremos descubrir la esencia de esa cebolla, su parte más auténtica, tendremos que ir al núcleo y retirar las capas que lo protegen.

> Te has cubierto de capas, en forma de máscaras y etiquetas, para protegerte. Tu autenticidad se encuentra debajo de esas capas.

Algo muy parecido ocurre contigo. Tu genialidad, lo que te hace una persona única, es tu esencia, tu yo auténtico.

Retirar esas capas, eliminar las que ya no te sirven porque te limitan, y llegar a tu verdadera esencia es el camino del autoconocimiento y del crecimiento personal para recordar y liberar a tu yo auténtico. Este trabajo interior te mostrará qué lejos estabas de tu esencia y comprenderás el porqué de ese vacío y esa falta de paz interior.

Si tu trabajo, tu hogar o tu estilo de vida están lejos de esa esencia, ese es el freno que te impedía quererte más. Pero es *un freno* que tú te estás poniendo. Por ejemplo, no te quedes con la etiqueta de que eres una persona con baja autoestima: no está en tu carga genética ni en tu carné de identidad.

PERDONA Y PERDÓNATE

Alejarte de tu esencia fue una decisión que tomaste a una edad muy temprana. No tenías la información necesaria para poder ver las consecuencias. El cerebro está preparado para buscar estrategias de supervivencia. Por eso, escondiste partes de ti y de tu forma de ser. No querías arriesgarte a perder ese amor que era tu principal alimento en los primeros años de vida.

Pero ahora ya no necesitas sobrevivir. Ahora quieres vivir y vivir con calidad. No te creas esa historia de que *unos nacen con estrella y otros estrellados.* No dejes que esas circunstancias que viviste te sigan pasando factura. Es hora de perdonar y perdonarte. De reconectar con quien eres realmente y comenzar a ser fiel a ti mismo. Déjate llevar por tu *yo auténtico.*

¿Cómo sé si me quiero lo suficiente?

Lo reconocerás cuando puedas disfrutar de ti mismo en todo momento. Agradecerás tus momentos en soledad y disfrutarás tu forma de actuar cuando estés acompañado. No esconderás tus ideas y opiniones, te permitirás expresarlas y compartirlas siempre que te parezca oportuno.

> Cuando te quieres de verdad, no solo arreglas tu relación contigo mismo. Tus relaciones con los demás también mejoran.

En primer lugar, tienes un criterio muy poderoso para alejarte de las personas que te generan malestar: no quieres que hagan daño a alguien que quieres y ese alguien eres tú.

Poco a poco te irás alejando de esas personas, sentirás que ya no las necesitas para rellenar tu agenda. No te hacen falta, te tienes a ti y tienes todo lo que puedes hacer y crear desde tu esencia.

También surgirán menos conflictos. Cuando uno descubre su individualidad y el proceso que le llevó a poner sus capas de cebolla, también comprende que los demás han sufrido procesos similares.

Valorar tu individualidad te permitirá valorar a los demás. Igual que un genio sabe valorar a otro genio. Sabrás que tú eres un genio porque lo que haces, siendo fiel a ti mismo, nadie más lo puede hacer de igual forma. Por eso, la crítica irá desapareciendo de tu vida. Toda esa energía que gastabas en criticar, en buscar fallos, en juzgar… ya no tiene sentido cuando te quieres de verdad.

También dejarás de compararte. Quizá te servía para mantener la idea de que la buena vida no existe para nadie. O tal vez para destacar esas áreas de tu vida en las que te sentías fuerte y compensarlas con las que te producían malestar.

Cuando necesitamos la valoración externa para que nos reconozcan lo que somos o lo que hacemos, estamos dejando de amarnos.

Más bien estamos pateando la autoestima. Nos estamos alejando de esa necesidad innata que tenemos de ser fieles a nosotros mismos.

Puede que aparentemente seamos personas autosuficientes, resolutivas y con mucha seguridad. Pero si es a base de conseguir la aprobación de los demás o salir ganando en las comparaciones, entonces la autoestima no es, en absoluto, fuerte.

Si tiendes a actuar así, no te estás queriendo lo suficiente. **Estás valorando más a los demás que a ti.** Les estás cediendo tu poder. Si en algún momento hiciesen alguna crítica o un comentario despectivo sobre lo que tú haces, te sentirías francamente mal.

Cuando falla la autoestima y llega alguna de esas críticas, se desencadena un *estrés interior* que provoca diferentes emociones según la personalidad predominante: rabia excesiva, tristeza vivida en soledad o incluso autocastigo, que lleva a esforzarse más y negarse a disfrutar.

Si conoces a alguien que tiene este tipo de emociones y comportamientos, obsérvalo porque te servirá de espejo. Comprobarás que cuando alguien no se quiere ni se valora a sí mismo, esa falta de autoestima frena cualquier posibilidad de ser querido por los demás. Porque en lugar de ser fiel a sí mismo, estará empleando estrategias que no nacen desde el amor, sino desde el miedo a no ser suficiente, a la crítica, al fracaso…

Apuesta por tu esencia y saldrás ganando

Ser fiel a uno mismo debería ser, en teoría, muy fácil. Entonces, ¿por qué en algunas áreas de la vida nos mantenemos alejados de ella y soportamos el sufrimiento silencioso que implica?

Aquí debemos volver a hablar del **miedo.** Es el principal obstáculo que nos impide hacer muchas de las cosas que deseamos. Y en lo que atañe a ser fiel a uno mismo, no es una excepción.

El miedo es una emoción que paraliza. Nos bloquea y nos mantiene en nuestra *zona de confort*, en esa cebolla cubierta de capas. Cuando decides no salir de tu zona de confort es porque crees que podrías estar peor. Porque, a pesar de dormir mal o tener días tristes, por lo menos no estás tan solo. Este es el mayor miedo a la hora de recuperar nuestra esencia: **la soledad.**

Creemos que, si comenzamos a sacar al *yo auténtico*, respetando nuestras necesidades y pidiendo a los demás que las respeten, corremos el riesgo de perder el cariño y la aprobación de los demás.

Pensamos que existe la posibilidad de que ya no les gustemos tanto. Es un pensamiento inconsciente. Si esa lógica está funcionando en tu subconsciente, es normal que tengas miedo a mostrar partes de ti que no sabes si van a gustar.

Por el contrario, hay una verdad que debes tener en cuenta: las personas que eligen compartir la vida contigo lo hacen porque saben valorarte.

Si les gusta lo que les has mostrado hasta ahora, ¿por qué iban a dejar de valorarte al conocer algo más de ti como tus inseguridades profesionales, tus aspiraciones o tus bloqueos en la intimidad?

Es fantástico estar rodeado de gente que te quiere por cómo eres. Poder expresarte con libertad, aportar tus opiniones, aunque sean opuestas a la mayoría, rechazar los planes que no te apetecen... Todo esto refuerza tu autoestima y recupera la conexión con tu *yo auténtico.*

> Cuanto más auténtico seas, más conectarás con gente afín a ti.

Reducirás el estrés de tener que gustarle a todo el mundo y el gasto de energía que conlleva. Además, estarás en continuo crecimiento porque las relaciones te aportarán cosas que antes no llegaban a tu vida, ya que te mantenías alejado de tu esencia.

Ejercicio

Reflexiona sobre estas preguntas:

- ¿En qué momentos de tu vida sientes que te alejaste más de tu esencia?
- ¿Qué relaciones se han visto perjudicadas por haber escondido tu autenticidad?
- ¿Qué puedes hacer hoy para acercarte más a tu verdadero yo y compartirlo con tus seres queridos y/o con los que puedan llegar a tu vida?

12
Reconoce tu realidad y tu dolor

Para iniciar un buen viaje
necesitas saber de dónde partes.

Cada proyecto que se emprende en la vida necesita de un requisito imprescindible: establecer una buena base. Imagina que quieres rehabilitar una casa: necesitas un profesional que analice su estado, diseñe unos cimientos sólidos y determine los materiales adecuados para reformarla.

En el camino hacia una mentalidad saludable para lograr bienestar ocurre lo mismo. Tu bienestar es la casa. Actualmente, esa casa tiene unas determinadas carencias. Son las creencias y limitaciones resultado de la mentalidad que has tenido hasta ahora. Decidir vivir mejor es como disponerse a reformar esa casa.

Ese proceso de transformación para lograr bienestar sería tu crecimiento personal, tu camino hacia una mentalidad saludable.

Y, ¿cómo lograr unos buenos cimientos para realizar mi crecimiento personal? Es esencial que los pilares sobre los que vas a crecer sean reales. Dicho de otra forma, necesitas ser muy consciente de tu realidad, de las verdades que definen tu situación, tu casa de partida.

Por ejemplo, mi desarrollo personal comenzó a producirse cuando me di cuenta y reconocí que me estaba aislando del mundo; huía de tener relaciones personales porque me hacía daño compararme. No fue fácil aceptar que tenía un sentimiento interno de frustración porque pensaba que mi vida no era lo suficiente interesante para nadie. Llevaba tiempo valorando la vida de los demás como mucho más enriquecedora que la mía. Tuve que aceptar que valorar mi vida como una vida monótona y aburrida estaba teniendo repercusiones negativas; una de ellas era comportarme a menudo como una persona amargada.

Ponle nombre a tu malestar

Tenemos tendencia a no reconocer la parte negativa de nuestra realidad. Sé que a veces es duro aceptar la propia verdad. A nadie le gusta ponerle nombre a ese malestar interno que siente. Sin embargo, es necesario y muy saludable. No puedes saltarte este paso.

A menudo me llegan mensajes de suscriptores de mi blog que, tras leer algún artículo se dan cuenta de algo de lo que no eran muy conscientes. La siguiente pregunta que les surge es automática: «¿Y ahora qué hago con esta información?». No se paran a analizar las consecuencias reales que les ha traído esa forma de pensar y actuar.

Nos pasa a todos: primero queremos la solución. Nos olvidamos de la importancia que tiene crear unos buenos cimientos.

Reconoce las emociones que marcan tu conducta

Ver tu realidad al completo, aceptar lo que te has perdido, lo que has generado involuntariamente en tu vida, quién ha sufrido por ello... Todo esto te ayudará a encontrar la motivación para empezar tu crecimiento personal.

Si no lo haces, carecerás de la energía necesaria para emprender las nuevas acciones que cambiarán tu situación. Se trata de cosas que llevas tiempo evitando hacer, creyendo de manera errónea que tú no podías, no debías o no necesitabas hacerlas.

> Conectar con esa realidad dolorosa y asumirla será el punto de apoyo para emprender un cambio sustancial en tu vida.

Un error muy común es pretender acortar el camino e intentar cambiar sin pasar por ese esfuerzo. Yo también pasé por ello. Tras leer un conocido libro basado en la ley de la atracción, comencé a repetirme varias afirmaciones positivas cada día. La realidad se encargó de mostrarme que nada había cambiado.

Hay muchas personas que aseguran que el método de las afirmaciones les ha funcionado. Estoy seguro de que, además de repetirse las frases, comenzaron a realizar cambios en su vida tras darse cuenta, de forma consciente o inconsciente, de qué era lo que debían modificar.

En mi caso, y en el de otras personas que he conocido, no funcionó. Por mi experiencia sé que cuando hay un tema emocional relacionado con alguna creencia limitante, intentar cambiar la creencia a base de repeticiones conscientes no es suficiente. Te explico por qué.

Los circuitos neuronales relacionados con las vivencias emocionales de tu pasado tienen una misión: protegerte. Para ello no te permiten que actúes de una forma diferente a la que decidiste cuando estabas sufriendo. Por eso desarrollamos los llamados *vicios emocionales*, que son las emociones recurrentes que sentimos ante circunstancias parecidas: frustración, miedo, ira... Es necesario liberar esa carga emocional para eliminar la señal de «peligro» en tu cerebro. Una vez eliminada, te permitirá diseñar nuevos circuitos neuronales.

Re-conocer los temas emocionales que marcan tu forma de comportarte en tus relaciones, en tus hábitos de alimentación o en tu salud, es el cimiento principal para comenzar tu nueva forma de vivir.

Acepta ese dolor que te permitirá vivir mejor

El esfuerzo necesario para profundizar en estos temas implica dolor. Pero es un **dolor de crecimiento.** Duele porque es algo que tu mente no quiere recordar. Sin embargo, ese dolor va a tener un efecto enormemente positivo: te permitirá mejorar tu vida.

Existe otro dolor menos positivo: el **dolor del arrepentimiento.** Surge cuando caes en la cuenta de que no hiciste nada para cambiar una situación o dejaste pasar una buena oportunidad.

Recuerda que aceptando el dolor de crecimiento estarás previniendo pasar por el dolor del arrepentimiento más adelante, quizá en épocas de tu vida en las que no tengas tanta energía.

Conocer y asumir la realidad de «tu casa» supone dejar de lado las mentiras piadosas. Implica mirarse en el espejo y llamar a las cosas por su nombre. Si no te gusta la vida que llevas, es necesario que te lo digas a la cara. Si no te gusta tu cuerpo, analiza y describe lo que no te gusta de él y por qué. Si tu realidad económica es de subsistencia, necesitas llamarlo por su nombre. Si tu vida sentimental no es la que te gustaría, descríbete a ti mismo cómo son las cosas y por qué.

> Llamar a las cosas por su nombre no debe ser entendido como un autocastigo ni una forma de fomentar la negatividad. No lo harás para estancarte, sino para impulsarte.

En esos momentos tú eres el arquitecto, estás evaluando el terreno y la construcción que ya existe. Pero tu intención no es recrearte en esa situación. Te has contratado a ti mismo para rehabilitar una preciosa casa que necesita mejoras.

¿Contratarías a alguien que únicamente hará un análisis de la situación, pero no está dispuesto a rehabilitar la casa? Es obvio que no. Entonces no te lo hagas a ti. Comprométete con el cambio. No te escudes en el pensamiento positivo, en darle tiempo al tiempo o en que otorgarle importancia a lo que no quieres en tu vida es absurdo o peligroso. ¡Ya está en tu vida! Ya es tu realidad; hazla consciente y podrás comenzar a cambiarla.

¿Cómo?

1. Es necesario que reconozcas que no estás en un punto agradable

Si, por ejemplo, consideras que tienes exceso de peso o, por el contrario, necesitas engordar, debes asumir que estos estados tienen consecuencias negativas reales más relevantes que las meramente físicas. Puede que te esté limitando a la hora de conocer gente o disfrutar de la playa y las piscinas.

2. Asume que, si otras personas han logrado cambiar, tú también puedes

Continuando con el ejemplo del problema de peso, consistiría en aceptar que, si otras personas han conseguido su objetivo modificando sus patrones de alimentación y ejercicio físico y son felices con ello, tú también puedes.

Si lo has intentado y te supone un esfuerzo tremendo que interrumpes una y otra vez, es que hay algo que te está frenando. Puede que te conformes y te digas a ti mismo que tu metabolismo es así. Vives esa área de tu vida con resignación.

> La realidad es que si aceptas como buenas unas situaciones que en verdad no te gustan, te estás engañando y dañando a ti mismo.

Uno de los ejemplos que yo he vivido no hace mucho ha sido con el tabaco. Comencé a fumar con dieciocho años. Me sentaba francamente mal, lo que hizo que no fumase mucho y que tuviese muchas épocas en las que no fumaba nada. Sin embargo, cada vez que vivía un momento feliz, me dejaba llevar por mis ganas de fumar un cigarro.

He trabajado con fisioterapia respiratoria en pacientes hospitalizados por problemas respiratorios graves; incluso mi tesis doctoral estuvo enfocada a pacientes con enfermedad pulmonar. Aun así, no conseguía librarme del todo del tabaco.

Obviamente no me gustaba esa situación, no me sentía feliz castigando mi cuerpo hasta que una faringitis me obligaba a dejarlo. Pero volvía a hacerlo una y otra vez. Estaba claro que no asumía mi realidad. Me declaraba no fumador. De hecho, trataba de ocultarlo a mis amigos y familia. Disfrutaba de mis cigarros en soledad.

El hecho de no asumir mi realidad me impedía solucionar lo que para mí se estaba convirtiendo en un problema de salud y autoestima importante. Cuando lo reconocí y descubrí de dónde venía mi tendencia a fumar al sentir felicidad, fue cuando pude hacerle frente y deshacerme de ese hábito.

Vigila, no te engañes

Si lo piensas bien, este tema está relacionado con el hábito y el valor de *la honestidad*. Es probable que te guste que las personas que te aprecian te digan la verdad porque sabes que la mentira no ayuda.

Aplica esa misma teoría en tu relación contigo mismo. Si sabes que las mentiras o las verdades a medias no son buenas cuando se trata de salir del pozo, vigila no decírtelas cuando reflexionas sobre tu vida. Sabes que con mejor información se toman mejores decisiones.

Te pongo un ejemplo. Piensa en alguien a quien quieres. Si estuviera atravesando una situación difícil y vieses que podría hacer algo para salir de un determinado sufrimiento, ¿le dirías aquello que tú observas, pero él no está valorando?

> Analizar tu realidad desde una perspectiva más profunda de la habitual es una de las mejores formas de demostrarte que te quieres y que crees en ti.

Después llegarán otras etapas en las que comenzarás a plantearte y a hacer cosas que antes no hacías. Estarás creciendo desde unos buenos cimientos.

EJERCICIO

Para profundizar en este punto, reflexiona sobre estas preguntas:

- ¿En qué área o relaciones de tu vida sientes malestar o insatisfacción?
- Describe en detalle la realidad de lo que vives y sientes, y lo que te gustaría sentir o vivir. Es importante que profundices y saques a la luz todo lo que no te gusta, aquello que quizá has aceptado, pero que en el fondo sigue creándote malestar.
- ¿Cuáles son las «mentiras» que te cuentas para maquillar tu situación y convencerte de que no está tan mal?
- ¿Qué vicio emocional se ha fortalecido en tu cerebro? Quizá sea el victimismo, la culpabilidad, el miedo, la frustración…

13
Actualiza tus valores

La vida no se trata de encontrarte a ti mismo,
sino de crearte a ti mismo.

George Bernard Shaw

Una de las formas para comenzar a conocerte mejor es detectar cuáles son los valores más importantes de tu vida. Tus valores son aquellos principios y sentimientos más relevantes para ti. Los que están en lo más alto de tu escala de prioridades. Algunos ejemplos son la *libertad, el amor, la responsabilidad*…

> La importancia de tus valores es la enorme capacidad que tienen para determinar cómo te sientes según lo que va ocurriendo en tu día a día.

Podemos comparar los valores con unos faros que guían nuestro camino. Los utilizamos sin darnos cuenta cuando tomamos decisiones. Ayudan al cerebro a interpretar rápidamente si lo que nos pasa es la vida en positivo o negativo, nos gusta o nos disgusta. De ahí, la importancia de conocerlos y observar si todos ellos te ayudan a crear tu buena vida, o por el contrario, alguno te lo pone muy difícil para disfrutar del camino.

Lo curioso de los valores es que para cada persona tienen un significado diferente. Cada valor está acompañado por unas creencias personales. Entendemos de forma diferente qué actos están alineados con qué valores. Lo que para ti puede ser algo injusto, otra persona puede verlo como perfectamente justo.

Los valores son conceptos propios y muy personales que te aportan información valiosa sobre ti. De ahí, el poder de conocer tus valores y las creencias en las que se sustentan.

Cuando una persona me consulta diciendo que siente que está muy perdida y no sabe qué le pasa, una de las primeras cosas que hacemos es profundizar en conocer y entender sus valores. Así, obtienen una información muy auténtica de cómo son. Les permite entender por qué actúan como actúan y por qué juzgan como juzgan a personas de su entorno que quizá tienen otros valores u otra forma de entenderlos.

Como hemos visto, eres mucho más de lo que crees ser y de lo que has ido desarrollando debido a tus vivencias y a la función de supervivencia, inherente a tu cerebro emocional. Por tanto, puedes revisar tus valores y modificarlos para alcanzar niveles más altos de paz interior. Te explico por qué es interesante hacerlo.

Es posible que estés actuando conforme a una jerarquía de valores que en este momento de tu vida ya no te sirva para seguir avanzando. Seguramente estarán desactualizados.

El problema surge cuando realizas acciones que van en contra de tus valores. Significa que estás fallando a tus creencias más profundas y eso generará estrés en tu organismo. No quiere decir que las acciones sean incorrectas, sino que te estás fallando a ti mismo por no cumplir con tus normas. Se debe a que los valores determinan para ti lo que está bien y lo que está mal. Por eso, si estás descuidando alguno de tus *antiguos* valores principales, inconscientemente estarás actuando mal y tu mente se estresará.

Los valores que has asumido como importantes y las creencias que tienes para evaluar si se cumplen **determinan cómo actúas** y **cómo te sientes.**

Veámoslo con un ejemplo. Imagina a alguien a quien durante su infancia se le obligó a repetir un ejercicio hasta que estuviese «perfecto» y a la que solo premiaban cuando cumplía con esta exigencia. El mantra que recibió fue: «Si vas a hacerlo mal, mejor no lo hagas». A ese alguien se le inculcó el valor del *perfeccionismo* como algo positivo a buscar en su vida, en sus acciones, comentarios…

Es muy posible que esa persona asumiese que hacer las cosas perfectas es algo *imprescindible* en todo lo que emprende. Pero si desempeña un trabajo en el que se premia más la rapidez o la cantidad que la calidad, ¿cómo crees que se sentirá al detectar que está realizando un trabajo en el que no puede cumplir uno de sus valores principales?

> Si quieres abrirte a nuevas formas de pensar y actuar para desarrollar una mentalidad más saludable, es indispensable que revises tus valores.

Puede ser cualquiera: *humildad, responsabilidad, independencia…*

Esta revisión no significa renunciar a tus valores. Por lo general, se trata de reajustar su importancia en esta etapa de tu vida. Quizá también descartes alguno definitivamente. En ambos casos sentirás una liberación enorme.

Al hablar de reajustar la importancia de un valor, me refiero a *bajar su relevancia* y *dar preferencia a otro* para poder alcanzar el objetivo que te has marcado, ese que te conducirá a disfrutar del bienestar que deseas.

Imagina una persona que ha tenido durante muchos años como su principal valor *la independencia*, entendida como aventura, viajes, cambios de residencia… Si desea crear una familia, es posible que tenga que anteponer el valor de la familia a esa vida independiente. Si no hace este *reajuste* y sigue aferrándose a la independencia como valor principal, encontrará obstáculos para mantener relaciones duraderas y calmar su mente y su cuerpo para que se genere el estado propicio para crear una familia.

Esta incongruencia de valores se produce con frecuencia cuando, tanto mujeres como hombres que llevan unos años teniendo como valor principal el trabajo y la proyección profesional, deciden tener hijos. Las empresas, las cargas económicas, el ritmo de trabajo... no facilitan realizar el reajuste necesario en su jerarquía de valores.

Por eso existe tanto sufrimiento en estas personas: quieren anteponer el valor de la familia, pero su vida sigue estando marcada por el trabajo y el desarrollo profesional. Ese estrés interno genera dificultad en ellas para quedarse embarazadas y en ellos, para contribuir con calidad en el proceso.

Los valores y sus creencias asociadas

Sin embargo, su trascendencia no acaba ahí. Los valores también están relacionados con tus emociones. Es más, los valores tienen la capacidad de desencadenar estados emocionales de mucha intensidad. Pueden determinar decisiones que aporten mucha felicidad, pero también pueden generar sentimientos de inferioridad.

Un valor en sí mismo no es ni bueno ni malo. Todo depende de las *creencias* que acompañen a ese valor. Tener la idea de *familia* como valor es algo neutro, no tiene por qué ser ni bueno ni malo. Para algunas personas el concepto de familia no es positivo, crean otro tipo de relaciones que les proporcionan una vida plena y feliz. Sin embargo, otras sienten la familia como algo muy positivo. Pese a esta concepción positiva, ese valor puede convertirse en una fuente de dolor en algún momento de su vida.

Si una persona tiene el valor de la familia acompañado de una creencia de que «la familia es para toda la vida», y en un momento de su vida se da cuenta de que ha formado una familia con la persona equivocada, le generará un sufrimiento muy intenso. En cambio, alguien que tiene el mismo valor de la familia, pero sin la creencia de que debe mantenerse toda la vida, no sufrirá ese dolor tan intenso.

Por ejemplo, las personas que prefieren aguantar «carros y carretas» antes que dejar a su pareja están *anteponiendo* el valor familia y sus creencias asociadas, a otros como el amor a uno mismo, la integridad y el bienestar. Con las consecuencias negativas que ello tiene para poder alcanzar una *vida de bienestar.*

Al igual que hay valores que dirigen nuestros actos también hay otro tipo de valores de los que huimos. Son **los antivalores.** Representan sentimientos que no queremos sentir en la vida e influyen fuertemente en nuestras decisiones.

Algunos de estos antivalores son la humillación, el fracaso o el enfado. Siguen el mismo proceso que los valores: están integrados por creencias y determinan nuestros actos. Nos impulsan a actuar o dejar de actuar para evitar acercarnos a ese antivalor.

Por ejemplo, si eres una persona a la que no le gustan las discusiones, tendrás como *antivalor la enemistad.* Evitarás situaciones en las que se pueda dar un enfrentamiento de opiniones y puedan surgir enfados y enemistades.

Si este *antivalor* es muy importante para ti, evitarás el conflicto constantemente. Eso te llevará a hacer cosas que no quieres hacer, a aceptar opiniones y conversaciones que van en contra de tus principios, a soportar injusticias y no denunciarlas, etc.

> Un *antivalor* comienza a ser perjudicial cuando repercute en tu estabilidad emocional. Hasta entonces, ese mismo *antivalor* podía resultar positivo para ti.

Siguiendo con el ejemplo anterior, huir de *la enemistad* puede hacerte una persona tolerante, dialogante y empática. Pero si ese *antivalor* adquiere más importancia que el valor del *respeto a ti mismo*, te convertirá en una persona manipulable y poco respetada que sufrirá mucho emocionalmente.

Detecta, revisa y corrige

Sin ser consciente tienes marcadas unas **normas** que determinan si se cumple tu valor o tu *antivalor*.

Si uno de tus valores es *el amor* y para que sientas amor necesitas que tu pareja te diga siempre lo que tú quieres oír, es probable que haya momentos en los que sientas que tu pareja ya no te ama. La realidad no es esa, sino que tienes unas normas que te hacen muy difícil sentir que se respeta tu valor.

En el momento en que conoces y adaptas tus valores y normas a tu situación actual, y a la vida de bienestar que quieres crear, todo te resultará mucho más fácil. Los beneficios principales son dos: por un lado, tendrás una guía para ayudarte a tomar decisiones. Por otro, tendrás más control sobre tus estados emocionales, ya que conocerás qué reglas se están incumpliendo y podrás buscar la solución.

EJERCICIO

Analiza cuáles crees que son tus principales valores y antivalores. Evalúa si son adecuados para este momento de tu vida y detecta cuáles son los que más desequilibrio emocional te generan. A partir de ahí, observa qué normas son las que hacen que ese valor te genere estrés en este momento de tu vida. Después, decide si:

- disminuyes la importancia de ese valor,
- cambias las normas que te impones,
- comienzas a realizar nuevos actos para aumentar su cumplimiento.

Hasta aquí hemos hecho un repaso importante de **tu jardín interior,** que es la relación contigo mismo. Has aprendido que mantener una buena relación contigo mismo pasa por **conocerte, entenderte, quererte y potenciarte.** Ahora estás preparado para explorar la siguiente parcela en la que ya no estarás solo. Entramos en tu jardín compartido: ese en el que cultivas tu relación con los demás.

Resumen de la segunda parte

Propósito

Mejorar tu autoconcepto, la valoración que haces de ti y evitar las limitaciones que te autoimpones.

Aprendizajes

- Tu personalidad no es algo rígido, ni casual. Puedes expandirla para desarrollar aquellas áreas que aún no has explorado siquiera.
- Tienes la capacidad de desplegar esas áreas que admiras en otras personas: compartimos la misma esencia.
- Permitirte ser auténtico es el camino para mejorar tu relación contigo mismo.
- Tus valores determinan cómo te sientes con respecto a tu vida. Tenerlos presentes, revisados y actualizados te ayuda a tomar las decisiones que necesitas para sentirte bien contigo mismo.

Nuevos focos de atención

- Tanto en el momento presente como en tu visión de futuro: tu pasado te proporciona información desactualizada que te limita para conseguir tu bienestar.
- Busca el amor frente al miedo y el placer frente al dolor. Así, generarás el filtro que te alejará del sufrimiento.
- Acepta la realidad de tu situación sin paños calientes, será el primer impulso para el cambio que deseas.
- Pon el foco en ti antes que en los demás.

Cita

«Amarse a sí mismo es el comienzo de una aventura que dura toda la vida», Oscar Wilde.

TERCERA PARTE

Tu jardín compartido. Tu relación con los demás

14
ENORGULLÉCETE: TU VALOR ES ÚNICO

Libera tu creatividad y descubre el gran valor que posees.

En esta tercera parte nos dedicaremos a limpiar y cultivar tu *jardín compartido:* en el que se establece y se determina *tu relación con los demás*. El objetivo es descubrir qué habilidades puedes potenciar para vivir una vida satisfactoria disfrutando de tus relaciones: pareja, familiares, amistades, entornos laborales… Si estás sufriendo en alguno de estos campos es porque tu mente no emplea todas sus capacidades para gestionarlos. Al abrir tu mentalidad para desarrollarlas, las relaciones dejarán de ser una *fuente de dolor* en tu vida.

Hay estudios que demuestran que las relaciones sociales positivas ocasionan grandes beneficios en la salud. Por el contrario, el estrés y la depresión tienen una relación inversa con el apoyo social. Es decir, cuanto mejores sean tus relaciones sociales y más apoyo recibas, menos riesgo tendrás de desarrollar una enfermedad.

Establecer relaciones sociales sanas también influye de forma directa en la **felicidad** que experimentamos. A su vez, otras investigaciones han demostrado que personas con mayor nivel de felicidad tienen mayor tendencia a socializar y más calidad en sus interacciones sociales.

> Los estudios científicos más recientes demuestran que la calidad y la cantidad de nuestras relaciones sociales afectan tanto a la salud física como a la salud mental.

Por tanto, si las relaciones sociales son un recurso para influir en la salud y felicidad, es muy importante tener una mente que nos ayude a cultivarlas. Necesitamos una forma de pensar y actuar que nos *proteja* y, a la vez, nos impulse a establecer más relaciones y más saludables.

Saca tu amor propio: ese orgullo sano

Hay una base común en todas las relaciones que estableces en tu vida, *tu amor propio*: el recurso básico que nunca te va a fallar.

Imagina un pintor. En todas sus relaciones laborales necesitará pintura; da igual que vaya a pintar un mueble, una habitación o la fachada de un edificio. Podrá usar brocha o rodillo, podrá cambiar de uniforme, pero siempre necesitará pintura. Por ello, la *calidad de la pintura* que utilice tendrá un gran impacto en el resultado final de su trabajo.

En tus relaciones sociales ocurre lo mismo. Dispones de un recurso que marcará la calidad de tus relaciones: tu amor propio.

El amor propio es el conjunto de pensamientos que tienes sobre ti mismo y que desatan en ti la emoción orgullo: es lo que sientes de ti mismo, el valor que te das a ti mismo y a las cosas que haces.

Y no, **no es ego.** Muy al contrario, es esa *emoción* sana que surge en tu cuerpo cuando creas algo, desde una comida hasta un estilismo, una sorpresa... A partir de ahora, cuando hable de orgullo me referiré a esta emoción.

¿Te permites sentir ese orgullo?

Tu orgullo es el terreno sobre el que estableces tus relaciones. Al igual que la pintura, tu orgullo también puede ser de mayor o menor calidad. Para mejorarlo necesitas hacer un trabajo interior. Depende tan solo de ti. Esto es una gran noticia porque tienes el poder de mejorarlo. Vamos a ir viendo cómo puedes hacerlo.

Quizá en esta parte del libro encuentres conceptos que van en contra de ideas que recibiste de tu educación, de tu religión... Te animo a que dejes entrar estos nuevos conceptos en tu vida para poder valorar cómo te sientes.

Te pido también que lo hagas sin buscar culpables. Esas ideas que recibiste son producto de las vivencias de tus padres y educadores. Su punto de referencia fue lo que les enseñaron a ellos y lo que les funcionó. Trataron de que tú imitases sus reglas y valores. Pero la sociedad en la que tú vives no es la que vivieron ellos.

Además, el tipo de personas con las que tú te relaciones no es el tipo de personas que rodeó a tus padres y profesores durante su vida. Entonces, ¿por qué mantenerse fiel a esos aprendizajes?

> Para mejorar la calidad de tus relaciones y cómo te sientes con ellas, lo primero que necesitas fortalecer es el terreno sobre el que las estableces: tu capacidad de sentir amor a ti mismo.

Sientes *orgullo* cuando, conscientemente, tomas una decisión importante para ti. También cuando te permites *crear* algo nuevo, utilizando tu imaginación, tu creatividad y tu intuición.

Tendríamos ese sentimiento muy a menudo si no fuese porque tenemos muchas capas de cebolla en la mente que impiden que esa emoción florezca.

Quizá se deba a que durante la infancia te enseñaron que no era bueno mostrar orgullo porque significaba ser prepotente y colocarse por encima de los demás.

Es posible que cortaran las alas de tu creatividad, limitando tus ganas de crear y, por tanto, de sentir orgullo de ti mismo.

Cuando evitas la emoción *orgullo* limitas tu creatividad, escondes tu esencia, tu niño interior y desaprovechas todo el potencial que te permitiría disfrutar realizando lo que tú necesitas para sentirte pleno y realizado.

Por ejemplo, cada vez que a un niño se le critica un dibujo porque no está «bien hecho» o una forma de jugar diferente a la establecida, se le está limitando esta capacidad. No quiere decir que no haya que corregirles. Me refiero a saber valorar su originalidad y enseñarles a hacer uso de ella en los momentos adecuados. Y, sobre todo, corregir lo que hacen, no lo que son. Hay una gran diferencia entre el «ser» y el «hacer» que conviene tener muy presente en todas las relaciones.

Yo viví algo similar con doce años. Mi profesor de lenguaje organizó un concurso: todos teníamos que inventar un cuento. Me encantaba escribir por lo que disfruté mucho con la redacción y estaba muy ilusionado con el concurso. Mis calificaciones siempre eran excelentes, así que mi profesor debía de tener muchas expectativas en mi trabajo. Pero mi texto no debió de superar su estándar de calidad y me dijo que le había defraudado.

Cuando el profesor afirmó que esperaba más de mí, me sentí tremendamente mal. Ahora entiendo que fue una gran patada a mi orgullo. Me había sentido muy poderoso al crear algo nuevo. Sin embargo, recibí el juicio más cruel posible. La conclusión que pude sacar con mi mentalidad de aquel momento fue que yo no valía para escribir y que la creatividad no era lo mío. Estuve muchos años sin escribir nada propio. Dejó de gustarme ir a pintar al óleo los sábados por la mañana. Todo lo que tuviese que ver con mi creatividad adquirió el cariz de **zona de riesgo.** Podía ser juzgado y criticado. Opté por la otra alternativa: me especialicé en aprender lo que ya estaba creado, en ser muy buen estudiante y así me aseguraba no perder valor con mi «pobre» creatividad.

Con este ejemplo pretendo destacar dos aspectos:

- Permítete aceptar que **sentirte orgulloso es algo positivo:** tiene *ventajas para tu autoestima y para tu salud.* Es una emoción sana porque responde a una capacidad innata de todo ser humano, que es la habilidad de ser original, de crear cosas nuevas. Esas vacaciones diferentes, tu forma de maquillarte, tu manera de organizar el ordenador, de cocinar… Tienes potencial para hacer muchas cosas desde tu esencia; cosas originales que te conectan y te permiten disfrutar de tu forma de ser única.

- Sé consciente de la importancia que tiene **detectar en manos de quién estás poniendo tu orgullo.** Si pones tu valor en manos de otros significa que te valorarás en función de lo que otros opinen de ti. Esto puede originar que te resulte muy complicado encontrar algo de lo que sentirte orgulloso. En el ejemplo anterior, yo puse mi orgullo en manos de mi profesor. Pagué las consecuencias durante muchos años.

En la sociedad actual es mucho más habitual destacar los defectos por encima de las cualidades de las personas. Tendemos a fijarnos en los errores más que en los aciertos. En los entornos laborales y educativos parece que la exigencia no tiene que tener límites. Por eso, es difícil que te lleguen comentarios positivos sobre lo que haces. Más bien te llegarán indicaciones de más tareas que tienes que hacer para seguir mejorando porque todavía no está bien, porque todavía no cumples objetivos…

Si solo te permites *sentir orgullo de ti mismo* cuando te hacen comentarios positivos, estarás perdiendo muchas oportunidades de desencadenar esos efectos tan positivos para tu cuerpo y tu mente.

No obstante, hay personas que se sitúan en *el extremo opuesto*: sienten un excesivo y falso orgullo, generado por gente que les alaba. Este orgullo es falso porque depende de las circunstancias y de la valoración de los demás. No surge de un sentimiento intrínseco de autovaloración.

Se suele observar en biografías de importantes actores o cantantes. Estas personas triunfaron en algún aspecto de su vida, consiguiendo grandes reconocimientos externos, pero en algún momento dejaron de sentirse orgullosos de sí mismos. Al avanzar en su carrera profesional se vieron forzados a dejar de ser creativos y originales para adaptarse a aquello que les había traído el éxito. Focalizaron así sus carreras en repetir ese tipo de canciones, de papeles cinematográficos…

Para *sentir orgullo* de las cosas que haces necesitas basarte en tus valores, en lo que realmente es importante para ti.

Además, como veíamos al final de la segunda parte del libro, te conviene jugar con tus propias reglas. Es decir, con esa *actualización* de *valores, antivalores y normas* que te permite sentirte bien independientemente de cómo te vean los demás. Hacer, ser y opinar en función de ese reajuste para no dar tu poder a los demás y con ello dañar tu estabilidad emocional.

EJERCICIO

Para entrenar tu mente para conectar con tu amor propio, haz este ejercicio:

- Piensa en cosas que hayas hecho en tu vida y que fueron importantes para ti en aquel momento: finalizar unos estudios, tener un hijo, realizar un viaje, conseguir un puesto de trabajo, aprender algún deporte o hacer algún tipo de manualidades…
- Escoge la que más importancia crees que tuvo para ti.
- Cierra los ojos y vuelve a aquella época, al momento en que lograste lo que te habías propuesto. Quizá no hubo un momento concreto, y quizá no te permitiste saborear el éxito. Hazlo ahora. Siente en tu cuerpo esa satisfacción interior, ese orgullo de haber hecho algo tuyo, con tu esfuerzo, con tu forma única de expresarte y esforzarte.
- Graba esa sensación en tu mente y en tu cuerpo, y recupérala cada vez que hagas algo desde tu esencia, desde tu creatividad, desde tu manera única de hacer las cosas.

15
RIÉGATE CON AMOR AUTÉNTICO

El amor de verdad surge cuando eres tú mismo,
no cuando cumples expectativas.

El motor de tu vida es el amor. Lo has escuchado, lo has leído y, muy posiblemente, lo hayas sentido. Pero ¿qué es el amor? Desde el punto de las emociones, el amor es aquel sentimiento que surge en ti cuando, sintiéndote en un entorno seguro, **te permites mostrarte como tú en realidad eres.**

> Amor implica decir *lo que piensas* y *actuar como eres*, sin sentirte inhibido ni preocupado por juicios o críticas.

Para que ese entorno sea seguro, hay otra condición. Y es que las personas que constituyen tu círculo de pertenencia, también **se sientan seguras de mostrarse ante ti como en verdad son.** Deben tener la certeza de que les quieres, independientemente de si opinan diferente o actúan de una forma diferente a la tuya.

Saben que les valoras por lo que son, y no por lo que a ti te gustaría que fueran.

Habrás observado que hay personas que sufren mucho en sus vidas por causa del amor: van cambiando de amigos íntimos, de pareja o de círculo social cada cierto tiempo, sin encontrarse a gusto de manera prolongada y estable.

En la sociedad actual no nos resulta fácil mostrarnos como somos. No se potencia el desarrollo de la individualidad y la diferencia que todos tenemos de manera innata. Y mucho menos el hecho de mostrar nuestra vulnerabilidad.

Pensamos que es mejor esconder lo que llamamos las *debilidades*. Mantener conversaciones profundas hablando de sentimientos, miedos, fracasos... es algo que se tiende a evitar si no nos queremos lo suficiente y creemos que la opinión de los demás puede hacernos daño.

Muéstrate como eres

Por este motivo tener un orgullo sano es básico para sentir amor verdadero en tu vida. Al aceptarte como eres, creer en ti y valorar tu tiempo y tus ideas, deseas compartirlas, independientemente de que sean distintas o contrarias a las de los demás. Si tu mente no gestiona bien el orgullo y *maneja pensamientos* autolimitantes, tenderás a evitar conversaciones en las que opines diferente. No darás tu opinión *ni te atreverás* a compartir algo si crees que puede ser criticado. En definitiva, no estarás estableciendo una relación sana con esas personas. Estarás adaptándote a ellas, a base de *ocultar una parte de ti.*

Esta dinámica es una trampa sin salida. Si no te muestras, las personas que te rodean no te pueden conocer como eres. Por ello, nunca sentirás que te quieren al cien por cien. Y como, inconscientemente, no sientes que te quieren, decides no mostrar tus *debilidades*. Conclusión: siempre tendrás un miedo inconsciente a que salga esa parte débil y *oscura* de ti.

ACEPTA A LOS DEMÁS COMO SON

El otro punto que dificulta el mantenimiento de las relaciones con los demás es que se nos hace difícil aceptar a los demás como son.

En la teoría decimos que los aceptamos y los queremos como son. Pero, en la práctica, a diario juzgamos, criticamos y nos enfadamos porque los demás no están actuando como nosotros creemos que se debería actuar.

Tratamos de moldear a las personas cercanas para que actúen según nuestros principios. Se nos olvida que sería mucho más sano exponer esa diferencia de criterios, escuchar empáticamente y entender los criterios de la otra persona. Respetarlos nos permitiría establecer un *equilibrio* que satisficiera las necesidades de ambas partes. Este proceso sería mucho más *saludable* que el que solemos escoger: evitar esa conversación y aguantar hasta el límite. Entonces estallamos y surge una fuerte discusión o varias horas, incluso días, de tensos silencios.

EQUILIBRA TU BALANZA DEL AMOR

Entendiendo que para sentir amor hay que cuidar estos dos factores, podemos imaginar el amor como una balanza que debe estar equilibrada. En un lado estaría el amor a ti mismo, y en el otro el amor a los demás.

EJERCICIO

Reflexiona sobre tu caso particular:

- ¿Hacia dónde tiende a desequilibrarse más la balanza?
- Cuando tiendes a cuidar más a los demás que a ti mismo, ¿sabes dejarte querer por los demás? ¿Valoras que los demás respondan a tu entrega a su manera?
- Cuando tiendes a quererte más a ti que a los demás, ¿te sientes bien permitiendo que los demás miren más por ellos?

En nuestra sociedad está mejor visto el amor al prójimo: preocuparse por los demás, hacerles sentir bien, crear armonía y huir del conflicto. Sería perfecto, si no fuera por un detalle: se olvida la otra parte de la balanza en la que estás tú. Tus necesidades, tus opiniones, tus sentimientos... Pero no está tan bien visto: se tilda de egoísmo, egocentrismo...

Si tienes tendencia a incluir en tu vida a personas con las que tu relación se basa en cuidarlas y hacerlas felices, pero dejas de lado mostrarte como eres, expresar tus necesidades e inquietudes, la balanza se desequilibra. Vives un amor *inflado* que atrae relaciones en las que es difícil sentir un amor verdadero. No es que los demás no sepan apreciarte. Eres tú quien al «protegerte», no permites que los demás puedan conocerte y satisfacer tus necesidades. Estás bloqueando, inconscientemente, el flujo de la energía del amor.

Cuando hacemos algo por los demás, sentimos que ya estamos entregando amor. Pero si eres de esas personas a las que les cuesta dejarse ayudar, no estarás viviendo plenamente desde el amor. Olvidas que los demás también tienen derecho a hacer algo por ti, a conocerte más a fondo y poder ayudarte y disfrutar de tu esencia, de esa individualidad tan maravillosa que *solo* tú posees.

Si has tenido malas experiencias, es probable que hayas adquirido la creencia de que «cada uno va a lo suyo». En ese caso, te resultará muy difícil detectar el interés de alguien por querer conocerte y amarte sin condiciones. Quizá tus vivencias te demuestran que la mayoría de las personas que conoces solo se preocupan de sí mismas. Pero también puede ser una consecuencia de tu forma de actuar. Es decir, que quienes han estado cerca de ti no han podido romper las barreras que has puesto y se han cansado de encontrar siempre las mismas resistencias.

No te preocupes: ambas situaciones tienen solución.

En el primer caso, lo que ocurre es que a veces incluimos en nuestro círculo a personas que no demuestran merecer nuestro amor. No solo en relaciones de pareja, sino también el amor entendido en forma de entrega de tiempo, de detalles, de ayuda en el trabajo... Nos empeñamos en mantener una relación con personas que no quieren establecerla al mismo nivel que nosotros. Nos convertimos así en una especie de mendigos de cariño y afecto.

Al valorarte más, aprenderás a ser más cuidadoso a la hora de abrir tu círculo.

En el segundo caso, la solución pasa por eliminar esas barreras que limitan tus relaciones. Podrás hacerlo a medida que vayas desarrollando tu *autoestima* y comprendiendo los *motivos* por los que tu mente te protege de esas situaciones. Con esos dos pasos, *cambiarás esa programación mental* que, inconscientemente, hace que escondas una parte de ti.

Limpia tu jardín y riega lo que esté vivo

El amor es aquella energía con la que riegas lo que quieres que esté vivo en tu vida. Si te dedicas a regar relaciones con personas que no tienen mucho interés en mantener una relación contigo, que no dedican su energía a cuidar esa relación, estarás desaprovechando la energía que te aporta el amor. La estás empleando en algo que está muerto para tu vida. Supone una gran **fuga de energía.**

¿Regarías en tu jardín una planta que ya está muerta?

Por eso es muy importante hacer una revisión de las personas que están en tu círculo: esas personas a las que dedicas tu energía, tu tiempo y tu dinero. Recuerda que estos recursos no son infinitos: tu energía se va desgastando a lo largo del día, tu tiempo es limitado y el dinero que empleas en unas cosas no lo puedes aprovechar para otras.

Tienes derecho a crear en tu vida un espacio seguro. Un círculo en el que las personas que incluyas te permitan sentir ese amor verdadero. Es un círculo en el que todos os sentís beneficiados. Cuando esto ocurre, la balanza está equilibrada y se establecen unas relaciones sanas, que te aportan bienestar, crecimiento y paz interior.

En ese círculo habrá personas que estén más cerca de ti y otras que estén más lejos. Tu dedicación irá en proporción a ese grado de cercanía.

Cuando no te sientes del todo querido y aparecen sentimientos de tristeza, vacío…, es importante que te hagas consciente de cómo estás haciendo el reparto de tus recursos.

Hay personas que dedican más energía y tiempo libre a los amigos o a su *hobby* preferido que a la familia. Esto produce un desequilibrio que su pareja percibe y va debilitando su capacidad de sentirse amada por esa persona.

Un desequilibrio frecuente es forzar el contacto con alguien que no hace esfuerzo alguno por mantenerse en tu círculo. Por ejemplo, cuando siempre eres tú quien le llama por su cumpleaños y fechas señaladas. Pero esa persona nunca toma la iniciativa de corresponderte y hacerte sentir importante en su vida. Probablemente, estarás aferrándote a una persona que necesitarías alejar o sacar de tu círculo. La vida es un cambio constante, y tratar de retener relaciones que no dan más de sí desgasta tus recursos y limita tus opciones de atraer nuevas relaciones.

Todo aquello que te despierta la emoción *amor* es un indicador de lo que sí te *conviene proteger y cuidar*, porque es algo que está *vivo* en tu vida. Al tener claro este concepto, también podrás detectar aquello que no quiere seguir vivo en tu vida. En ese momento, es cuando te ayudará conectar con tu orgullo sano.

Si una persona ha decidido que no quiere dedicarte energía porque está creando otra vida en la que no te incluye, desde *tu orgullo sano* decides que ni puedes ni quieres negarte a ello. Entiendes que lo mejor es permitirle que siga su camino.

Esta es la parte difícil del amor. Pero debes poner el foco en ti, en *tu orgullo sano* y en el amor a tu persona. Si te quieres, comprendes que tú también tomas tus propias decisiones y, consciente o inconscientemente, *vas eligiendo* a quién incluyes en tu círculo y a quién dejas fuera.

Por ello, respetas su decisión y, sobre todo, te respetas a ti mismo, no tratando de mantener un círculo en el que hay personas que no quieren o no merecen estar. No significa que sean malas personas o que no merezcan el amor de otras personas. Solo que a ti, en este momento de tu vida, no te hacen sentir un amor auténtico.

Otro modo de vivir un *falso amor* es situarte como «salvador» de otra persona. Si te identificas con esta situación porque piensas que alguien no podría hacer ciertas cosas sin ti, estás alejándote de mantener una relación sana. Le estás negando su capacidad de hacer y de crear. Aunque sea con tu mejor intención y amor, obstaculizas la posibilidad de desarrollar su orgullo sano. El mensaje que le llega, y que quizá es el que desea recibir, es que no es capaz de crear algo por sí solo.

Este amor *inflado* limita la capacidad de *ser* de la otra persona. Se acostumbra a que alguien decida por ella, resuelva los temas más complicados... Inicialmente, la persona se sentirá muy cómoda y agradecida, pero, de manera paulatina, notará cómo se va limitando su capacidad de ser ella misma.

Por este motivo, algunas personas huyen de relaciones en las que su pareja les quiere «demasiado». Desde fuera no resultará fácil entender los motivos de la ruptura, pero si se analiza de forma profunda resulta evidente que no había amor auténtico.

> Establecer una relación siendo el salvador de alguien, sitúa directamente a la otra persona en una posición de víctima.

Por último, otra forma de confundir el amor auténtico es mantener relaciones en las que sientes la necesidad de entregar tiempo, cariño...

Si para que te admitan en un entorno necesitas actuar siempre ofreciendo tus recursos, no estás generando un círculo seguro para ti. Tu mente no interpretará como sano ese amor que puedas recibir a cambio. Genera tensión en tu interior por estar condicionado a esa sensación de tener que contribuir y ofrecer algo para que cuenten contigo.

Es muy común desarrollar este patrón cuando comenzamos a movernos en sociedad. Si en la actualidad detectas que mantienes esta tendencia, te conviene fortalecer tu orgullo sano y entablar relaciones en las que la balanza esté equilibrada. Mereces sentir que se te valora por lo que eres y no por lo que haces o aportas.

Por eso, si quieres sentirte bien al realizar el balance del amor debes darte mucho amor a ti mismo. Dentro de unos años realizarás una valoración de tu vida y, muy posiblemente, lo harás en función de las relaciones que hayas establecido, del amor que hayas compartido y de la huella que hayas dejado en otras personas en este mundo. Es clave que todo se base en un amor auténtico.

> Cuanto más amor te des a ti mismo, más amor podrás dar a los demás.

Disfrutarás de un círculo con toda la gente que quieras. No tendrás que reducirlo a tu familia y amigos más íntimos. Podrás hacerlo sin miedo a mostrarte como eres y sin sentirte agotado. Tus relaciones serán de más calidad porque utilizarás el criterio de amarte a ti mismo para incluir o sacar a alguien de tu círculo.

No pienses que eres egoísta. Ámate y priorízate. Solo entonces dispondrás de amor auténtico que ofrecer a quien quieras. Podrás compartir tu *buena vida,* esa llena de *bienestar,* con quienes tú elijas. Disminuirán tus miedos y no tendrás que limitar tu círculo a las personas más cercanas. No malgastarás recursos ni energía y tu capacidad de amar será mucho mayor.

16
Crea tu actitud positiva

El sentido de las cosas no está en las cosas mismas,
sino en nuestra actitud hacia ellas.

Antoine de Saint- Exupéry

En tus relaciones con otras personas no basta tener un *orgullo sano* y gestionar equilibradamente tu capacidad de amar. Existe otro factor que determina la calidad de tus relaciones y, en consecuencia, tu bienestar. Se trata de la actitud con la que te mueves en tu día a día.

Vives en sociedad, con una realidad interconectada a la de otras personas. Tu actitud, tu humildad y tu empatía influyen en la atención que prestas a los demás.

> Para tener éxito en la vida, para vivir como deseas, es más importante tu actitud que tus conocimientos.

Y, ¿qué es la actitud? Puede definirse como el *enfoque positivo o negativo* que le damos a una determinada circunstancia.

Es importante puntualizar que la actitud no es algo estático ni global. Una persona muy positiva y divertida puede enfocar un determinado aspecto de su vida con una actitud negativa.

Tu actitud es una fuerza que te permite transformar una dificultad en una oportunidad. Está directamente relacionada con la energía que movilizas.

Cuando mantienes una actitud positiva, te resulta fácil hacer acciones que requieren mucha energía: compartes, motivas, enseñas, amas, te esfuerzas, decides y actúas. Cuando estás en una actitud negativa, estás frenando todas esas acciones. Encuentras excusas, problemas, y obstaculizas cualquier tipo de acción. Actúas, pero con más esfuerzo.

Por tanto, tu actitud determina tus acciones y tu energía. La energía se transforma con el movimiento. Las turbinas, los motores, los molinos… utilizan el movimiento para transformar energía. El organismo funciona igual.

Tu cuerpo es un sistema de energía. Nuestros *actos* son otra forma de movilizar la energía y distribuirla. De ahí, su repercusión en nuestra salud.

Con una actitud negativa hacemos menos cosas, más lentamente y tomamos escasas decisiones. La energía acumulada en el cuerpo se utiliza sobre todo en el cerebro para generar pensamientos recurrentes sobre aquello que no nos gusta o nos preocupa. Se ha descubierto que un 70 por 100 de los pensamientos son negativos. Si mantienes una actitud negativa ante una situación, estarás incrementando aún más ese porcentaje.

Sin embargo, con una actitud positiva nos resulta más fácil movilizar y distribuir la energía. Podemos reír, cantar, bailar, escribir, pintar, leer, conversar, hacer el amor, imaginar y actuar con mayor facilidad y fluidez. Todas estas acciones y muchas otras tienen repercusión en diferentes órganos del cuerpo, permitiendo así que la energía fluya y se renueve. La actitud positiva tiene una repercusión bioquímica muy beneficiosa para el organismo.

¿Cómo cambio mi actitud?

Una forma de evaluar tu actitud es observar qué tareas te cuesta realizar más. Detecta cuándo aparece la pereza en tu día a día. Si algo te da pereza, es difícil que mantengas una actitud positiva.

Para cambiar a una actitud positiva, necesitas *enfocar de otro modo esa actividad*: verlo con unas *gafas nuevas*. Para ello, analiza qué está pasando en esa vertiente de tu vida y para qué estás haciendo lo que estás haciendo. Asociar tus tareas a *un propósito* que para ti sea de verdad importante te ayudará a sentirte mejor. Reflexiona sobre qué cambios puedes hacer para adoptar una actitud positiva que facilite tus acciones.

> Una actitud positiva impulsa el desarrollo de tu potencial, te hace crecer y con ello, aportar más a las personas de tu entorno.

Un cantante que ha triunfado tendrá una actitud positiva si piensa que aún no ha interpretado su mejor canción. Un padre o una madre con actitud positiva pensarán que aún está por aprender y enseñar su lección más importante, que siempre puede ser mejor ejemplo para sus hijos. Un jardinero disfrutará de su vergel, pero a la vez sentirá que cada temporada este puede irradiar más belleza.

Sin embargo, si piensas que ya hiciste lo que tenías que hacer, si te acomodas o adquieres la creencia de que *ya no puedes hacerlo mejor y aportar más*, entonces la actitud negativa estará presente en tus quehaceres. Y surgirá la pereza, la frustración, el aburrimiento, las preocupaciones…

Tienes la libertad de elegir

Tu actitud es la mayor expresión que tienes para hacer uso de tu libertad. Hay circunstancias y ámbitos que no dependen por completo de nosotros, pero tenemos un margen de libertad esencial: elegir nuestra actitud ante las circunstancias.

Dependiendo de cómo emplees ese margen, tu vida se aproximará en mayor o menor grado a una vida libre de sufrimiento. La *actitud* puede hacer que el bienestar que puede experimentar una persona que ha sufrido un accidente grave con secuelas importantes pueda ser increíblemente mayor al de una persona que sufre otra enfermedad mucho menos incapacitante.

Recuerdo cómo este hecho me llamaba la atención cuando trabajaba como fisioterapeuta en el servicio madrileño de salud. Recibía a muchos pacientes aquejados de artrosis. Algunos, con leves signos de desgaste en sus articulaciones, referían elevados niveles de dolor y habían limitado mucho las actividades en su vida. Sin embargo, otros más ancianos y con artrosis más severas llevaban vidas mucho más activas.

Ambos grupos desprendían una energía totalmente diferente al hablar de su enfermedad y de su vida. Los primeros tenían en común una actitud negativa y victimista en relación con su artrosis. Era el motivo de todos sus males: falta de descanso, menos vida social, mal humor…

Los del segundo grupo entendían la artrosis como una circunstancia secundaria en sus vidas. Padecían también días de mucho dolor y limitación. Pero no dejaban que su enfermedad fuese el centro de sus vidas. Sabían que tenían misiones más importantes: disfrutar de sus nietos, seguir cuidando su cuerpo y su mente realizando talleres y actividades en grupo. Su actitud les llevaba a continuar superándose, seguir aportando y creando vida. Gracias a esta actitud, el segundo grupo se libraba de las consecuencias que sí sufría el primero: aislamiento, soledad, insomnio, depresión…

Hay personas que tienen las creencias de que «la ancianidad es una enfermedad» y que «las enfermedades obligan a tener una vida limitada». Como consecuencia, adoptan una actitud derrotista y negativa. Con esta forma de razonar crean la realidad que imaginaron en el momento en el que se les diagnosticó su enfermedad.

Muévete: el ejercicio físico estimula tu actitud positiva

Una excelente forma de mantener una actitud positiva ante la vida es practicar ejercicio físico. Adoptar una actitud positiva requiere energía y esta se consigue con el movimiento.

EJERCICIO

Piensa en una actividad física que te guste realizar: natación, senderismo, baile, salir a correr…

- ¿Cómo te sientes durante la práctica de dicha actividad? Dejando aparte el cansancio, te pido que pienses en cómo te sientes respecto a tu energía.
- ¿Sientes tu cuerpo y tu mente más revitalizados? Por ser más gráfico, si fueses una bombilla, ¿lucirías con más fuerza o con menos que si te hubieses quedado en el sofá?

El ejercicio físico genera en tu cuerpo energía, activa circuitos neuronales y hormonales con muchísimos beneficios para tu organismo. Con este apunte quiero que tengas presente que uno de los grandes beneficios de hacer ejercicio es que te ayuda a mantener una actitud positiva ante la vida. Lo que originará innumerables consecuencias: serás una persona más agradable con quien compartir momentos, estarás más a gusto contigo mismo, rebajarás la tendencia a fijarte en el aspecto negativo de las cosas, disminuirán tus preocupaciones y miedos, alimentarás tu autoestima…

¡Ojo!, es posible que tu mentalidad haya activado **creencias limitantes** del tipo: «Para hacer deporte hay que tener mucho tiempo», «Yo no puedo hacer deporte con esta enfermedad o este dolor», «Cada vez que hago deporte me lesiono». Recuerda que hay muchos tipos de actividad física poco exigentes: bailes de salón, antigimnasia, caminar, clases de *zumba*…

Vigila también tus *etiquetas*. Si detectas alguna del tipo: «Soy muy torpe», «No tengo ritmo ni coordinación» o «Mi cuerpo ya no está para esos trotes», debes tener la determinación de deshacerte de esas etiquetas. No son inocuas, te están haciendo un daño importante porque limitan tu bienestar.

Demuéstrate que tú eres lo primero y que puedes encontrar los recursos necesarios para realizar un poco de actividad física durante la semana. Elige algo que te guste, que te haga sentir bien. No busques la recompensa rápida si llevas tiempo sin dedicarle ni tiempo ni energía a cuidar tu cuerpo. Empieza a ritmo suave durante un espacio corto de tiempo. Poco a poco, si has encontrado tu actividad idónea, tu cuerpo te la pedirá. Y si no has elegido bien, no tires la toalla. No es un fracaso. Prueba otras actividades, otros gimnasios…; haz lo que necesites, pero no te rindas. Tu cuerpo y tu mente te lo agradecerán.

Durante mis años de instructor de pilates, conocí a personas que llevaban años y años sin practicar ejercicio físico. Y, sin embargo, con las clases de pilates estaban muy motivadas y comprometidas. Esa era la actividad que esas personas requerían para salir del sofá. Necesitaban sentir que estaban vigilados, que el ejercicio era respetuoso con su cuerpo, que se les indicaba hasta cuándo tomar aire. En cambio, otras personas se aburrieron antes de un mes. No era «su» actividad.

Cada persona encaja mejor en un tipo de actividad física. Simplemente tienes que hacer el esfuerzo de probar, olvidando tus etiquetas y tus creencias. Antes o después, descubrirás «tu» actividad. Recuerda que en el sofá o en la oficina nunca la encontrarás, ni tampoco los beneficios que con ella obtendrás.

17
La regla de oro para las relaciones

Cada acción a la que te entregas sin esperar nada a cambio se convierte en un impulso para tu bienestar.

Cuanto más das, más recibes

Una de las reglas que rigen las relaciones sociales y que nos cuesta entender es que cuanto más das, más recibes. Cuando éramos pequeños la tendencia natural era a compartirlo todo: juguetes, golosinas… Pero enseguida nos enseñaron a cuidar de las pertenencias, a no aceptar cosas de otros… Necesitábamos esa lección porque a esas edades no teníamos criterio para diferenciar lo bueno de lo abusivo. Después conocimos la competitividad. Al principio por sacar buenas notas, vestir la ropa más moderna, tener la música más actual…

Quizá al principio disfrutabas de las bondades de compartir y dar desinteresadamente. Sin embargo, pronto comprobaste que el mundo era algo más complicado y que había personas que no funcionaban así. Tocó aprender a defender lo propio.

Crecimos, adquirimos más recursos y más fortaleza interior, pero no adaptamos la forma de actuar a nuestras nuevas cualidades. Por eso, esperamos primero a ver qué nos dan, para luego reaccionar nosotros conforme a lo sucedido.

> Si pones la atención en lo que hacen los demás estarás reaccionando en función de cómo actúan ellos, en vez de actuar según tus sentimientos.

Sin reparar en ello, estás frenando tus impulsos, esos actos que hablarían de cómo eres, de tu esencia. Tu idiosincrasia como ser social lleva implícita una impronta de amor, una tendencia a conectar con los otros, a ayudarles, a apoyarles. Sin embargo, la competitividad, el recelo, la desconfianza, se han hecho más fuertes que ese amor que forma parte de ti.

Inconscientemente, te pasas la vida buscando una **coherencia** entre lo que sientes y lo que haces. Cuanto más cerca estés de esa coherencia, más bienestar sentirás. Para alcanzarla, es necesario contar con esa parte de ti que está en lo más profundo de tu ser: tu esencia. Todos compartimos una parte de esa esencia y esa parte nos impulsa a ayudar, acompañar, amar y perdonar a los demás.

Lo hemos visto: poner distancia, cerrarte y protegerte es alejarte de tu esencia. Y también de personas que podrían aportar mucho a tu vida. Si echas la vista atrás observarás que has conocido a personas maravillosas: alguna amiga íntima, un amigo con el que compartiste una gran aventura... Esas experiencias llegaron a tu vida porque te abriste y decidiste dar antes que recibir.

La timidez, la vergüenza, la baja autoestima... dificultan mucho este proceso. Si te identificas con alguna de estas etiquetas puedes haber entrado en un círculo vicioso limitante.

Estás frenando tu evolución, dejando pasar oportunidades de conocerte más y de ser tu *yo auténtico*. Porque tu naturaleza no es ser tímido o vergonzoso. Son etiquetas que te sirvieron para protegerte y prevenir consecuencias indeseadas durante una etapa de tu vida.

Pero eso se acabó. Ahora te estás dedicando tiempo a ti, y entiendes que tu actitud está frenando muchas cosas que la vida y otras personas te pueden ofrecer.

Tanto si es tu caso como si no, te invito a que revises si te pones etiquetas o tienes creencias similares a estas: «Soy una persona prevenida», «Primero que me lo demuestren», «A mí ya no me la dan», «No te puedes fiar de nadie».

No esperes a recibir para dar

Primero aprende de nuevo a confiar en ti, a valorarte. Después, pon los límites que necesites. Por último, pasa a la acción y aprovecha ese margen de seguridad para reconectar con tu esencia y disfrutar de esa maravillosa sensación de ayudar, de entregar tu energía sin esperar nada a cambio. Siéntete afortunado de poder ayudar a alguien, de contribuir a hacerle un rato de su vida más agradable, a sentirse importante por el trabajo que realiza…

Para desarrollar tu capacidad de «dar» no hace falta que te desprendas de nada. Enseguida tendemos a pensar en lo material. Sin embargo, podemos disfrutar y hacer disfrutar mucho más compartiendo cosas no materiales como el cariño, el reconocimiento, nuestra compañía… Piensa en ello como si fuera un *salario emocional* con el que podemos pagar a la gente con la que nos cruzamos cada día. Imagínate a ti mismo como un empresario al que le sale gratis entregar este salario.

> Tienes unas reservas infinitas de *amor, gratitud y bondad*. Acepta esa infinidad y aprovéchala. Todos saldremos beneficiados. Tú el primero.

No esperes a que otra persona sea la que te salude o te haga un comentario para entablar una conversación que os recuerde a ambos que no sois muebles. Si tienes una idea o un comentario que crees que le podría venir bien a una persona, trata de hacérselo llegar.

Dar el primer paso para compartir tu experiencia, hablar de cómo te sentiste en una determinada situación, lo que aprendiste o lo que estás pasando en este momento, puede ser una manera extraordinaria de practicar el «dar». Puedes hacerle un gran favor a una persona que está pasando por una situación parecida.

EXCUSAS Y FRENOS PARA TU BIENESTAR

Incluso con nuestra pareja alteramos esta secuencia de dar y recibir. También en las relaciones con superiores: padres, jefes... Ponemos un montón de **excusas** para no abrir el corazón, nuestra parte más íntima. A menudo, escucho a personas decir que no lo hacen por el bien del otro. Para no preocuparle o no hacerle perder tiempo.

Así, se colocan una capa estilo superhéroe de «salvadores de los demás», y es el justificante que utilizan para evitar compartir cómo se encuentran realmente.

El «qué dirán» es otro de los frenos para no abrirte. Si sigues dándole mucha importancia a la validación de los demás, continuarás autolimitándote por culpa de ellos, sin que ellos tengan ni culpa ni autoridad en tu vida.

También hay personas que se sitúan en el extremo opuesto: tienden a dar mucho, sin estar dispuestas a recibir. Les cuesta aceptar favores, halagos, consejos...

> Resistirse a recibir la generosidad de los demás es otra forma de frenar el circuito de abundancia que la vida te ofrece.

Por otro lado, si no te muestras receptivo a la generosidad de los demás, a sus ideas, consejos, sonrisas y gestos amables, si no te fías de que sean reales y desinteresados, estarás transmitiendo esa falta de confianza.

Recuerdo una época de mi vida en la que sentía mucho resentimiento con el mundo. Me había cansado de ser tan simpático, tan perfecto, tan amable y que la vida no me recompensase. Me comparaba con otras personas y me sentía desafortunado. Eso me llevó a no aceptar la amabilidad y simpatía de los demás. Cada vez me costaba más trabajo empatizar con mis pacientes.

Sentía que yo tenía más motivos que ellos para quejarme. Pensaba que yo siempre ayudaba y a mí nadie me ayudaba.

A medida que pasaba el tiempo, más me reafirmaba en mi realidad. Había dejado de dar y, por tanto, cada vez recibía menos muestras de afecto y menos gente nueva despertaba en mí alguna simpatía.

> Nosotros creamos nuestra realidad. Comienza a «dar» y verás cómo recibes más de lo que ofreces.

Ejercicio

Reflexiona sobre este apartado:

- ¿Con qué persona te gustaría mejorar vuestra relación?
- ¿Qué podrías hacer hoy para dar más sin esperar nada a cambio? Quizá tiempo compartido, confianza, autenticidad, detalles…

18
Aprovecha tus neuronas espejo

Elige provocar sentimientos positivos
y serás tú el principal beneficiado.

Dar y recibir amor es algo tan intensamente beneficioso para el organismo que es el objetivo de la mayoría de nuestras acciones diarias. A través del amor recibimos y ofrecemos apoyo, ayuda, cariño… Para conseguirlo, nos servimos de una de las capacidades que tenemos como seres humanos: **la emotividad.**

La emotividad es tu *capacidad de emocionarte y emocionar a otros*. Según explica la neurociencia, la emotividad se genera a través de las neuronas espejo. Estas son esa parte del cerebro encargadas de replicar lo que perciben en la persona con la que se interactúa. Por supuesto, esta capacidad puede utilizarse de forma correcta o incorrecta.

> Tu manera de comportarte repercute en la forma de comportarse de las personas con las que te relacionas, debido a sus *neuronas espejo*. Y las emociones de las personas con las que interactúas influyen en cómo tú te sientes.

Cuando nos quejamos porque una persona nos estresa o nos deja tristes y sin energía, lo que ocurre es que el cerebro está imitando el estado emocional de esa persona.

Este «contagio emocional» es muy frecuente en personas que cuidan de sus padres ancianos o en madres que educan a sus hijos adolescentes... Incluso en parejas que viven su relación como una competición, creando tensiones por cualquier motivo.

Otro ejemplo; imagina que tienes un jefe con mal carácter. Cuando tienes una reunión con él, vas con una predisposición de alerta, de estar a la defensiva. La emotividad que desprendes es un *reflejo de la suya*. Este hecho supone que te has dejado ganar la batalla y estás reaccionando a su actitud ante la vida. Lo inteligente sería mantenerte en una *emotividad sana*. No por hacerle la vida más fácil a él, sino *por tu propia salud*. Porque quieres ser *dueño* de tu estado de ánimo y de tu *actitud* ante la vida.

Pensarás que ese *contagio emocional* es una reacción lógica porque no quieres ser esa persona ingenua dispuesta a recibir palos. Mantener una emotividad sana no significa ser sumiso, obediente y complaciente. Supone mantener tus emociones en positivo, creando y fortaleciendo una *capa impermeable* a las emociones negativas de los demás.

En este ejemplo lo adecuado sería evitar acudir a la reunión con la predisposición de quien va a un ataque. Convendría acudir con una emotividad que desprendiese tranquilidad, serenidad y confianza.

Con esta predisposición contribuirías a que tu jefe saliese de ese estado emocional de tensión. Por supuesto, dependerá de él y de su inteligencia emocional que esa ayuda tenga una repercusión en su forma de actuar.

Pero si pensamos en ti, obtendrías un doble beneficio: por un lado, entrenarías tu mente para focalizarse en ti y en tu bienestar. Y por otro, te alejarías cada vez más de salir de esas reuniones con tu energía por los suelos.

Crea emociones positivas con pequeños gestos

A diario tenemos infinidad de ocasiones para mostrar afecto y transmitir emociones positivas. Una forma sencilla de hacerlo es con una sonrisa. Hay muchas otras, fáciles y con la capacidad de *generar un gran impacto*: ceder el paso a una persona, aguantar la puerta para que pase, dar los buenos días y las gracias al dependiente que nos sirvió un café, una palabra amable…

No retengas tu capacidad de crear emociones positivas. No pienses en si la otra persona haría lo mismo contigo. Sería volver a *ceder tu poder*.

Puede que, si te ha influido lo que hace la mayoría de la gente, hayas dejado de hacer estas pequeñas cosas hace tiempo.

Ejercicio

Reflexiona sobre si te mueves en algún entorno en el que sientes que limitas tu emotividad.

- ¿Realmente te está viniendo bien? ¿Crees que ese hábito de mostrar un carácter más controlado y frío que el tuyo no tiene repercusiones en otras áreas de tu vida, como la relación con familiares, amistades o pareja?
- ¿Qué podrías hacer para generar más emociones positivas en ti y en los demás?

Recuerda que el cerebro funciona por patrones de conducta, automatizando de manera inconsciente los que más repetimos.

> Tu vida no se divide en compartimentos separados unos de otros. Si quieres tener una vida más armoniosa, genera emociones positivas. No esperes a que los demás lo hagan.

Al generar esas emociones positivas en los demás, tus neuronas espejo reforzarán esa emoción positiva en ti. No tengas en cuenta lo que puedan pensar los demás. Lo estarás haciendo para beneficio propio y es perfecto que favorezca a quienes sepan apreciarlo. Además, no te cuesta nada, todo lo contrario; ganas tú y los tuyos. No esperes más, comienza hoy mismo.

19
EXPRESA TU AUTENTICIDAD

Nada te dará más poder que conocerte,
entenderte y ser tú mismo.

Establecer una comunicación con otras personas es una fuente de placer en nuestras vidas: nos permite conocer a personas maravillosas que nos quieren, nos enseñan, nos acompañan y nos hacen la vida más agradable. Sin embargo, **la forma de comunicarnos** también se puede convertir en una de las principales fuentes de dolor.

Debido al estrés inconsciente que les supone interactuar con los demás, algunas personas han creado un estilo de vida en el que casi no se relacionan con otros. Es común vivir etapas en las que deseamos recluirnos y evitar demasiado contacto con el resto de la gente. La realidad es que nunca podemos aislarnos del todo. Negar la necesidad de conectar con otros es como tratar de poner puertas al campo.

> Tu cerebro, heredado de una larguísima evolución, necesita emocionarse, demanda afectividad y sentirse parte de algo mayor que tú mismo. Para ello es necesario comunicarse sanamente con los otros.

Una vez que aceptamos que necesitamos de los demás para tener una vida de bienestar, entendemos algo: recurrir al aislamiento cuando nos sentimos mal no es una buena estrategia.

Es cierto que resulta sano ser capaz de disfrutar de la soledad, de realizar cosas en solitario o solo de pasar un tiempo con uno mismo, sin hacer nada. Son momentos de grandes aprendizajes y de amor a uno mismo.

Sin embargo, cuando sentimos malestar y alguien nos pregunta «qué te pasa» tendemos a responder muy rápido «nada, estoy bien». Dejamos pasar así varias horas o días, aislándonos, hasta que se nos pasa. Es una conducta bastante habitual.

Con ello buscamos **protección.** Asumimos inconscientemente que estamos mejor sin compartir nuestro estado de ánimo y nuestros problemas. Decidimos que es preferible superar esos momentos en soledad. Llegamos a esta conclusión tras pasar por varias experiencias en distintos momentos de la vida.

Incluso habremos decidido guardar silencio de por vida sobre acontecimientos que nos han marcado mucho, que fueron duros de vivir y que no pudimos compartir por miedo. Quizá porque nos sentíamos culpables o porque eran temas tabú de los que no se podían hablar. En definitiva, pensábamos que abriéndonos íbamos a sufrir todavía más.

EJERCICIO

Si te identificas con esta situación es posible que, como mecanismo de defensa, te hayas autoconvencido de que es un tema superado. Quizá pienses que ya no influye en tu vida porque ocurrió hace años y nada tiene que ver con tu vida actual. No obstante, te invito a reflexionar sobre si aquella falta de comunicación ha podido influir en tu forma de relacionarte con tus parejas, padres, hijos… Sin juzgarte. Sin lamentarte. Desde la mayor comprensión y compasión hacia ti mismo y a la forma que encontraste de gestionar ese hecho.

Lo que quiero destacar es que **la comunicación** con los demás es una herramienta que utilizamos a diario para satisfacer una de nuestras necesidades básicas: la conexión con otras personas. Sin embargo, nadie dio importancia a que aprendiésemos a utilizarla correctamente. Si te interesa este tema, puedes aprender más leyendo sobre *asertividad*. Consiste en comunicar tus convicciones y defender tus derechos sin agredir ni someterte a la voluntad de otras personas.

En este punto quiero destacar dos factores fundamentales: uno, el mundo necesita conocerte y dos, la necesidad de aprender a recibir los mensajes con asertividad.

El mundo necesita conocer tu esencia

Conocerte de verdad, descubrir quién eres en realidad. Esa persona auténtica, que solo tú conoces, que aflora cuando escuchas tu música preferida, cuando te sientes feliz, cuando estás triste…

No es justo para ti ni para el mundo que escondas esa parte de ti. Es muy posible que hayas aprendido a compartirla con tu pareja, si la tienes, y habéis creado una sana relación. Pero estoy convencido de que todavía puedes ir un poco más allá. Es muy posible que haya momentos en que decides, voluntaria o inconscientemente, no expresar todo lo que sientes.

Aunque parezca ilógico, esto lo hacemos con personas de nuestro círculo más cercano: padres, hermanos, hijos, pareja… Personas a las que queremos por encima de sus debilidades. De las que valoramos su autenticidad, su forma de mostrarse como son, sin máscaras, sin engaños, sin medias tintas. Y, sin embargo, nosotros en ocasiones **les** negamos a ellos ese privilegio.

Es un acto prácticamente inconsciente. Tenemos la creencia de que es más seguro para nosotros y mejor para ellos: no queremos que nos vean sufrir, que piensen que es por su culpa o que se sientan mal porque no pueden ayudarnos. Existen múltiples razonamientos que se procesan en la mente para justificar este hermetismo. El resultado es una comunicación limitante con las personas que más queremos.

> Sin darte cuenta puedes estar poniendo barreras a tus relaciones. Y con ello todos perdéis. Tú porque no expresas tus sentimientos más íntimos, tus necesidades no cubiertas, tus preocupaciones más recurrentes. Y tus relaciones porque no están acompañándote en tu proceso.

En las relaciones de pareja hallamos múltiples motivos para frenar la comunicación. Pensamos en que reaccionará mal, en que podríamos herir a la persona amada o generarle culpabilidad, en la futilidad de mantener otra conversación tensa porque nada cambiará, quizá que no sabrá entendernos…

Cuando piensas de este modo estás adelantándote al futuro. Decides que callándote estás protegiéndoos. Que lo mejor para ella es no saberlo, sin tener en cuenta su opinión. Le arrebatas la oportunidad de conocerte y de conocerse a sí misma ante esa circunstancia.

Hay parejas que llevan años sin comunicarse algo importante únicamente porque una de ellas *ha decidido* no compartirlo creyendo que es lo mejor para la otra persona. No tienen en cuenta que no solo transmitimos con las palabras. Lo que no comunicamos de forma verbal lo expresamos con los actos, el lenguaje corporal, las reacciones emocionales…

Si convives con alguien, esa persona percibe todos esos mensajes de la comunicación no verbal. Y si observa que es una puerta que tú quieres mantener cerrada, lo más probable es que acepte tus condiciones y respete tu decisión. Pero eso no implica que entienda y considere que es la opción adecuada. Posiblemente, sí perciba que hay otras partes de la relación que mejorarían si se atravesase esa puerta.

Puede ocurrir también que, por imitación, esa otra persona reaccione adoptando tu conducta, decidiendo no compartir sus sentimientos sobre ciertos temas.

Cuando sientas malestar por una falta de comunicación en una relación importante, analiza primero si tú has puesto una barrera a esa comunicación. Evalúa si compensa establecer ese límite o si te sentirías mejor liberándote de la presión que supone controlar ese tema.

Para tener un mundo interior con bienestar y un mundo exterior en paz, es necesaria una coherencia entre lo que piensas, sientes, dices y haces. Tienes la oportunidad de vivir mejor estableciendo paulatinamente más coherencia entre lo que sientes y lo que dices.

Por lo general, perdemos esa coherencia cuando intuimos que lo que tenemos que decir no le va a gustar al receptor. Preferimos callarnos. Decir lo que sientes o lo que necesitas no puede ser interpretado como algo dañino. Nunca. No aceptes reproches por expresar tus sentimientos o tus necesidades. Lo que sí debes aprender es la forma de expresarlo. Sobre todo, teniendo cuidado de no culpar a la otra persona.

Que tú te sientas de una determinada forma no tiene por qué ser culpa de la actitud del otro. También influye tu mentalidad, que es la que interpreta los actos de esa persona. Y ya sabes todo lo que compone esa mentalidad: tu infancia, tus creencias, tus vivencias emocionales... Hay factores que traías antes de conocer a esa persona. Culpabilizarla solo serviría para que adoptase una postura defensiva de la forma que haya aprendido: agresividad, aislamiento, victimismo... Ten la precaución de no transmitir culpa a la hora de expresarte. Tu intención es encontrar soluciones, no culpables.

Aprende a recibir asertivamente

El segundo aspecto que quiero destacar respecto a comunicarte con los demás es que no consiste tan solo en expresarte y darte a conocer. También es importante la manera en que recibes los mensajes de los demás.

Existen básicamente tres formas de relacionarse: *pasiva, asertiva y agresiva*.

- **Pasiva.** Recibir la información de esta forma es aceptar lo que se te dice. Sin opinar por no llevar la contraria, sin decir que «no» a cosas que en realidad no quieres hacer...

- **Agresiva.** Es el extremo opuesto. Te relacionas de este modo cuando respondes con reacciones que dificultan la comunicación: rabia, gritos, poniéndote a la defensiva…
- **Asertiva.** Es la forma de comunicación equilibrada. La que te permite recibir los mensajes de la otra persona y expresar los tuyos con serenidad. Conlleva esfuerzo porque es difícil imaginar los cimientos de la mentalidad de esa persona; más aún cuando sus palabras son opuestas a tu forma de entender el tema en cuestión. También requiere valentía para *expresar tus opiniones y necesidades,* aunque no sean las que tu interlocutor quiere escuchar.

Ser consciente de que la otra persona interpreta el mundo de una forma distinta a ti te ayudará. Estarás haciendo uso de la *empatía*, tratando de ponerte en la piel de la otra persona. De este modo, la otra persona se sentirá segura y establecerá una comunicación más sana. Esta forma de expresaros llevará a una negociación, a buscar un punto de encuentro y encontrar una solución.

Si te resulta muy difícil decir que «no» en determinados entornos, necesitas cambiar tu forma de comunicarte. Está generando incoherencias en tu vida que tienen consecuencias negativas para tu bienestar.

Quizá no detectes esa incoherencia, porque *reprimes la rabia* que te produce hacer cosas que no deseas. Si te analizas en profundidad observarás que hay momentos en los que esa rabia escapa en forma de salidas de tono o enfados repentinos. Generalmente estallará con personas de tu confianza y en momentos en los que no se entiende una reacción tan desmesurada.

Ejercicio de autoanálisis

- En el área de tu vida que más sufrimiento te ocasiona, ¿qué tipo de comunicación utilizas: pasiva, agresiva o asertiva?

- ¿En qué situaciones escondes parte de tu autenticidad? ¿Qué pasaría si fueses comunicando más sobre tus sentimientos, opiniones o preocupaciones?
- ¿Qué puedes empezar a hacer para mejorar esta forma de comunicarte? ¿Con quién?

Revisando tu forma de comunicarte y compartiendo tu yo más auténtico encontrarás mucha más paz en tus relaciones.

20
Las malas hierbas: la crítica y la queja

Al igual que cuidas tu cuerpo,
ocúpate de proteger tu mente de la toxicidad externa.

Los humanos hemos desarrollado dos hábitos con los que nos relacionamos muy a menudo con los demás. Uno es la crítica. El otro, la queja.

Ambos están aceptados en la sociedad y nos sirven para socializar y crear sensación de unión y pertenencia a un grupo.

La crítica te aleja del bienestar

En muchas ocasiones, cuando un grupo de personas se reúne, la crítica surge como tema recurrente. Es fácil encontrar algo o a alguien a quien criticar. Podría entenderse como un inofensivo ritual de socialización. Sin embargo, no tiene nada de inofensivo. Por muy extendido que esté, no significa que no tenga repercusiones en la mente y, por tanto, en el cuerpo.

Puede que enmascares la crítica como algo constructivo, como algo que te sirve para ver lo que no quieres en tu vida. Esto sería como tomar el camino más largo para ir de tu casa al supermercado.

Realizar un análisis objetivo de la conducta de una persona, del gobierno o de tu jefe puede ser constructivo. Pero cuando criticas, estás focalizando tu energía en detectar y resaltar aquello que ves de forma negativa. Sabiendo que lo que tienes en la mente es lo que proyectas a tu vida, no resulta una estrategia adecuada para generar una vida positiva.

Además, cuando criticas a una persona estás menospreciando sus circunstancias, presentes y pasadas, que han ocasionado su manera de actuar. Es verdad que existen muchos comportamientos criticables: corrupción, violencia, engaños… Pero también es cierto que todas las acciones tienen una causa. Si una persona actúa mal es porque es la mejor manera que ha encontrado de actuar. Su educación, sus creencias y sus etiquetas no le permiten hacerlo de otra forma.

Sabes que pretender que alguien piense y actúe como tú es una tarea sin sentido. Por ello, dedicar tiempo a la crítica únicamente te aleja de lo que es importante para ti: **centrarte en sentir paz interior** y proyectarte hacia lo que sí quieres en tu vida.

> Cada minuto que emplees en buscar y analizar referentes positivos para tu vida será una inversión. Cada minuto que dediques a criticar será una pérdida de tu tiempo y tu energía.

Te lo voy a mostrar con un ejemplo. Imagina que has quedado con un par de amigos y parte de vuestra conversación se ha centrado en criticar a un conocido. Cuando sales de ese encuentro, ¿cómo te sientes? Lo cierto es que has dedicado tu tiempo y tus pensamientos a algo ajeno a ti, que además no te gusta y no quieres en tu vida. ¿Tiene sentido?

Si lo hicieses desde un punto de vista constructivo, analizando lo que no te gusta, por qué no te gusta y cómo puedes hacer tú para evitar eso, entonces estarías aprovechando el mensaje que te da esa persona. Pero no sería una crítica, sería un análisis. Y en ese contexto estarías abierto a descubrir qué es lo que te cuesta entender de esa persona. Aceptarías que quizá no sea tan criticable, sino que tú no estás viendo o valorando otra forma de entender las circunstancias.

Recuerda que estás influenciado por tus *filtros*: tu personalidad, tus creencias... Abrirte a entender a personas que, en principio, criticarías te puede aportar mucha información sobre qué necesitas desarrollar en tu vida.

Si, por ejemplo, no soportas a una persona que siempre se lo está pasando bien y que no para de contar chistes, te podría servir para plantearte si tú te permites tener alegría en tu vida o en cambio, has limitado tu capacidad de fluir y disfrutar y únicamente, te lo permites en momentos muy concretos.

No significa que debas parecerte más a esa persona, pero puede hacerte entender que tu tendencia a la crítica surge porque estáis en dos extremos opuestos, y que ella tendrá sus razones y tú las tuyas. Aprovecha para, en lugar de criticar, detectar esa área de mejora y desarrollar más tu capacidad de disfrutar de la vida, buscando un punto intermedio.

Durante muchos años, yo mismo fui un gran aficionado a la crítica. Como mi autoestima no era fuerte, de manera inconsciente tendía a restar valor a lo que hacían otras personas. Fue el mecanismo que encontré para reforzar, de forma inútil, mi orgullo. Por eso, quiero compartir contigo una idea que me ayudó a ir abandonando ese hábito y puede ayudarte si te sucede lo mismo.

Podemos dividir las situaciones y las personas que pasan en nuestra vida en dos grandes grupos: **creadores y destructores.** Contienen *energía creadora* todas aquellas situaciones y personas que te aportan bienestar, te generan alegría, motivación y optimismo. Por el contrario, todo aquello que te roba energía, que tiende a desestabilizarte, a ti o a otros, que no te aporta nada positivo, tendrá *fuerza destructora.*

Teniendo en cuenta esta clasificación, lo lógico es querer estar más cerca siempre de lo que *crea*, y no de lo que *destruye*. Realizar un *análisis* objetivo sobre algo o alguien posee una *fuerza creadora* que te genera aprendizaje y bienestar. Por el contrario, criticar a una persona para destacar lo negativo o criticar algo sobre lo que no tienes capacidad de influencia, es *destructivo*.

EJERCICIO

Descubre qué personas, situaciones y grupos te incitan a la crítica. Decide cambiar tu actitud, no alimentar esas críticas o directamente no exponerte a esas circunstancias. Entrénate para detectar qué situaciones tienen esa *fuerza destructora* y decide sustituirlas por otras situaciones, personas, lecturas o vídeos con *fuerza constructora*.

También quiero invitarte a hacer un análisis de la crítica desde el punto de vista de las emociones. Ya hemos comentado que hay dos principales emociones que guían nuestros actos primarios: el miedo y el amor. Criticar a alguien está movido por la *emoción miedo*. Ese miedo no lo sientes de manera consciente, pero si lo analizas podrás vislumbrar que cuando criticas hay un trasfondo de **autodefensa.**

Criticar a alguien, cubriéndole de aspectos negativos, sirve para diferenciarnos e, inconscientemente, atribuirnos los aspectos positivos contrarios. Eso nos aporta seguridad y hace que nos sintamos protegidos frente a hipotéticas críticas de otros, frente al sentimiento de culpa o al miedo al fracaso.

A medida que te liberas del hábito de criticar vas descubriendo que sientes mayor *aceptación* por los demás, y vives más *en paz* con la sociedad, con la familia, con la empresa...

Sientes que controlas mejor tus emociones porque no te enzarzas en emociones negativas hacia los demás. Y entonces, aflora más que antes tu *emoción amor*. Este nuevo patrón de conducta influirá en una tarea básica para activar tu *mentalidad saludable* y tu bienestar: silenciar a tu mayor crítico, tu juez interior.

Tal como entiendes y respetas a los demás, te permitirás entenderte y respetarte a ti mismo. No es caer en el conformismo. Es aprender a valorar la situación en la que estás y, a partir de ahí, mantener un propósito de mejora continua y de superación desde el respeto y el amor hacia ti mismo. Dejarás de tenerte miedo, de criticarte y culparte, y lo sustituirás por un amor propio, un amor sano y necesario que será tu mejor compañero de viaje. El sufrimiento innecesario estará cada vez más lejos.

QUEJARSE PERJUDICA SERIAMENTE LA SALUD

La queja es otro de los *hábitos tóxicos* a los que recurrimos a diario en nuestras relaciones con los demás. Debería haber carteles que nos recordasen que la queja perjudica seriamente la salud. Sin embargo, es un proceso al que ni siquiera damos importancia.

Entre nuestros pensamientos surgen a menudo las quejas, generando una corriente de **negatividad** en la mente. Nos quejamos de nosotros mismos, de los demás e incluso del mundo. En la mayoría de los casos nos quejamos de cosas que no podemos cambiar, que no dependen de nosotros.

Es un hábito que surge incluso en las circunstancias más absurdas e incomprensibles.

Durante los meses que viví en una isla de Tailandia, me descubrí varias veces quejándome del ruido que hacían los pájaros a partir de las cinco de la mañana. Curiosamente, cuando vivía en el centro de Madrid me quejaba del ruido del tráfico, de las ambulancias, de la gente de fiesta a altas horas. Si lo analizo, quejarme por lo mismo en dos entornos tan diferentes no tenía mucha lógica. Con esa mentalidad me resultaría muy difícil encontrar un sitio donde «no quejarme». Y, sobre todo, no solucionaba nada quejándome, ni empeñándome en encontrar un espacio en el que no hubiese nada que perturbase el silencio. Esa situación de queja, al ser analizada conscientemente, me descubrió en una situación absurda que me hacía perder energía.

Podemos diferenciar tres batallas que inicias cuando te quejas:

1. TÚ CONTRA EL MUNDO

La queja parte de la creencia de que las cosas serían mejor como nosotros queremos que sean. En nuestro subconsciente queremos huir del sufrimiento y por eso nos quejamos de que las cosas no sean como nosotros creemos que deberían ser. Tenemos la idea de que existe una situación ideal y que sabemos cuál es. Todo lo que se salga de ahí es motivo para quejarse. Se nos olvida que no somos el centro del universo, ni hemos inventado este mundo.

Este pequeño desliz de la mentalidad hace que emerja de nosotros la queja, un pensamiento negativo que destaca la parte que no nos gusta de la realidad. A raíz de este pensamiento negativo se produce en el cuerpo una emoción de *rabia*, puesto que estamos poniendo nuestra atención en algo que nos desagrada. Este proceso emocional también es *inconsciente* y por eso no nos damos cuenta de su importancia.

Si analizamos mi ejemplo anterior, al quejarme del ruido de los pájaros me olvidaba de valorar que vivía en una casa en medio de la naturaleza, respirando aire puro, sin los ruidos de los vecinos de edificio y en un entorno idílico que relajaba cuerpo y mente. Sin embargo, mi mente se empeñaba en destacar un pequeño inconveniente que podría resultar hasta positivo y que, seguro, echaría de menos cuando volviese a vivir en una gran ciudad.

Nos quejamos de la política, de la economía, de los hijos, de la sanidad, del tráfico, del tiempo… Si te haces consciente de que cada vez que te quejas estás gastando tu energía, te plantearás si merece la pena tal desperdicio.

> Desarrolla el hábito de determinar si aquello en lo que te enfocas depende de ti o, por el contrario, escapa a tu capacidad de actuación.

De nada te sirve quejarte, para tus adentros, de la mala política de recursos humanos que tiene tu empresa o lo pesada que se pone tu suegra si no puedes influir en nada para mejorarlo.

Te pongo un ejemplo muy gráfico: compara el hecho de quejarte con jugar a la lotería de Navidad. Puedes comprar muchos billetes para el sorteo, que sería como quejarte y quejarte. La probabilidad de que te toque la lotería, que equivaldría a que se arreglase aquello de lo que te quejas, es ínfima. Porque *no depende de ti*.

Quejándote a tu pareja, amigos… no aumenta la posibilidad de que se arreglen las cosas. Puede que pienses que, al menos, te desahogas. Sin embargo, lo que haces es situarte en posición de víctima. Víctima de aquello de lo que te quejas. Si no estás dirigiendo tu queja a la persona responsable de que eso se solucione, estarás utilizando tu energía para generar negatividad en tu mente. Es una de las peores inversiones que puedes hacer. Así que asegúrate de «no quejarte de que los pájaros canten» como hacía yo.

Si no te gusta una situación, emplea tu energía en buscar soluciones. En mi caso era tan sencillo como comprarme unos tapones para los oídos para evitar despertarme a las cinco de la mañana. Sin embargo, me instalé en la queja varios días antes de realizar una acción constructiva que sí dependía de mí.

Entramos ahora en la segunda batalla que inicias con la queja:

2. Tú contra otros

En ocasiones, las quejas se dirigen hacia personas de nuestro entorno. Si te descubres quejándote de la forma de ser o de actuar de otras personas, recuerda lo que hemos comentado sobre el *amor auténtico*: si quieres amarte y estar a gusto contigo mismo, necesitas potenciar la *emoción amor* que implica dejar que los demás sean como son. Entiende que no conoces su mentalidad, sus creencias ni sus anteriores experiencias emocionales.

Detrás de todas tus resistencias siempre tienes la capacidad de elegir. Si no quieres que una persona forme parte de tu vida, puedes diseñar un plan para alejarte de ella. Sin crítica, sin rabia, sin quejas. Sería una decisión tomada no desde la ira, sino desde el amor a ti mismo.

Respetar al otro y entenderle no significa que debas sufrir las consecuencias que te genera su proceso vital. Para aquellos casos en los que debes seguir manteniendo una relación con esa persona, por temas laborales o familiares, tendrás que poner en práctica otras habilidades como, por ejemplo, **poner límites.** Utilizar la comunicación *asertiva* te ayudará a evitar tensiones en esta situación.

Pasamos a continuación a la tercera batalla que emprendes con la queja.

3. Tú contra ti mismo

La queja es especialmente dañina cuando es dirigida hacia uno mismo. Puede que te descubras a menudo quejándote de ti mismo, sobre todo de tu pasado.

Seguro que te habrás dado cuenta de que puedes ser un gran *autocrítico.* Si conviertes esa crítica en algo constructivo y no te estancas en ella, te servirá para discernir lo que ha funcionado de lo que no ha funcionado hasta ahora, y plantearte qué puedes mejorar en tus acciones.

Sin embargo, estancarte en tu pasado y quejarte de cómo fue no tiene ningún aspecto positivo. Solo te sirve para tener una excusa. De nuevo *te conviertes en víctima* de algo externo: tu pasado. Seguramente te sucedieron cosas negativas, pero pertenecen a ese gran cajón en el que puedes meter todo lo que *no depende de ti.*

Hoy tienes la capacidad de *decidir*. Estás evolucionando hacia una *mentalidad saludable*, abriéndote a nuevas formas de razonar. Has aprendido que *no eres víctima de tu pasado*. Sabes que, a partir de hoy, en cada momento presente puedes decidir cómo quieres percibir tu vida y construir tu futuro. Decide hoy mismo quitarte esa mochila y no seguir permitiendo que marque tu destino ni paralice tu energía.

> Agradece cada aprendizaje que tuviste, enfócate en la parte positiva, en la fortaleza y las ganas de superación que te han aportado.

No te quejes más de aquellos tiempos, de esos compañeros que te hicieron *bullying* ni de aquella primera pareja que tanto daño te hizo.

Evita también quejarte de decisiones que tomaste. No las asumas como equivocaciones. Que las cosas no saliesen de la manera que tu mente quería en aquel momento no significa que no puedas extraer algo positivo. Sal de la queja y céntrate en el aprendizaje, en lo que ha cambiado tu mentalidad y en lo que has evolucionado a partir de aquel momento. Como ves, el objetivo siempre es el mismo: no adoptar el papel de víctima. Deja de contarte historias que justifiquen tu situación y de buscar culpables, incluyéndote a ti.

TU ANTÍDOTO CONTRA LA QUEJA

Una idea que te ayudará a alejarte de la queja es pensar en que también afecta de manera negativa a la gente de tu círculo: tu pareja, tus hijos, tus amigos.

> Las consecuencias negativas de tus quejas no se quedan en ti. No solo tú sufres esa pérdida de energía y esos estados emocionales negativos. También tus seres queridos salen perjudicados.

Las personas que te quieren no disfrutan en absoluto viéndote sufrir. Y si te observan quejándote, les transmites que no estás bien. Comprenden que necesitarías otras cosas para sentirte mejor pero no saben qué hacer para ayudarte.

Tu queja supone un estímulo, similar a un dardo, que impacta de manera diferente en las personas de tu círculo. Piensa en la persona más sensible y cercana de tu entorno:

¿Cómo crees que se siente cuando te escucha quejarte continuamente sobre tu trabajo, el dinero, la falta de tiempo o tu cansancio?

> Si quieres dejar de ser un estímulo de dolor para las personas de tu entorno, recorre el camino que va desde tu queja hasta la realización de aquello que cambie la situación.

Enfoca tu mente en ese propósito y en esas acciones, y retorna a ese camino cuando te descubras quejándote. De este modo, darás la espalda a la amargura y harás un acto muy sano para ti y para las personas que te quieren.

Este será tu antídoto contra la queja. Utilízalo a discreción.

Ejercicio

Tu turno:

- ¿Qué tipo de críticas visitan más a menudo tu mente: hacia el mundo, hacia los demás, o hacia ti mismo?
- ¿De qué sueles quejarte con más frecuencia? ¿Delante de quién?
- Esas críticas y quejas, ¿son una excusa para no tomar decisiones y no cambiar aquello que sí puedes cambiar? ¿En qué otros aspectos podrías enfocarte para evitar tanta negatividad?
- Enumera al menos dos acciones que podrías hacer para disminuir la presencia de la crítica y la queja en tu mentalidad.

21
Tu *abono fértil*: atención, gratitud y perdón

La paz surge cuando priorizas
el corazón sobre la mente.

Dejar de sufrir en el jardín de tus relaciones con los demás es un objetivo que merece la pena abonar. Para hacerlo cuentas con tres herramientas muy potentes: tu atención, tu gratitud y tu perdón.

En general, no somos conscientes de las consecuencias que está teniendo nuestra forma de interactuar con los demás.

> Cuando comprendes que cada acto y cada pensamiento dejan un pequeño impacto en tu cerebro, comienzas a dar importancia a los patrones que repites una y otra vez.

Nos cuesta creer que cada vez que nos quejamos o criticamos atraemos la negatividad a nuestra vida. No admitimos que algo tan habitual y socialmente aceptado sea perjudicial. La razón es porque no asumimos la intrínseca relación entre esas dos caras de nuestra moneda: la mente y el cuerpo.

ENFOCA TU ATENCIÓN EN LO POSITIVO

La mejor herramienta que posees para reeducar tu mente es tu **atención.**

Cuando focalizas tu atención en algo, se activa en el cerebro un área que hace que detectes cada vez con más facilidad aquello en lo que te fijas. Esa parte de tu sistema nervioso se llama sistema reticular ascendente.

¿Te ha pasado que cuando piensas en comprarte un coche, empiezas a ver continuamente modelos de ese mismo coche?

Esto se debe a que tu cerebro ha movilizado una determinada zona para que esté pendiente de llevar tu atención a eso que has decidido que es importante. Este proceso es también el responsable de que mantengamos nuestras *etiquetas* y nuestra *tipología de personalidad* durante mucho tiempo. Incluso cuando ya hemos detectado que no nos convienen puesto que nos están limitando.

Todos nos hemos acostumbrado a poner la atención en diferentes aspectos de nuestras relaciones con otras personas y con el mundo: los *perfeccionistas* se fijan más en las cosas que pueden mejorar, los *melancólicos* en lo que pudo haber sido y no fue, los más *rebeldes* e *inconformistas* en las injusticias…

Cuando estamos atravesando épocas difíciles en la vida ponemos más atención en los aspectos negativos que en los positivos. Esto nos conduce a patrones de queja y crítica. Puede que, objetivamente, la situación que vivamos carezca de aspectos positivos; por ejemplo, ante una crisis sentimental en la que ves peligrar tu relación. De hecho, en una primera fase es necesario prestar atención a ese malestar, detectar qué necesidades no se están cubriendo y dedicar atención y energía a buscar soluciones.

Sin embargo, permitir que toda tu atención se centre en ese conflicto no es el camino. Si lo haces, le estás diciendo a tu cerebro que detecte cada vez más aspectos negativos en esa relación. Entrarás así en una espiral que absorberá cada vez más detalles negativos, lo que provocará que veas más complicada tu relación. Pero, al cabo de un tiempo, tu relación no será lo único que percibas como negativo en tu vida. Tu mente estará encargándose de detectar aspectos negativos también en otras áreas.

Para romper este círculo vicioso que te arrastra a un estado emocional tan perjudicial todos tenemos la solución a nuestro alcance. Enseguida te la muestro. Pero antes debo advertirte de que te costará aceptar sus grandes poderes.

¿Te has dado cuenta de que no valoramos lo que es demasiado sencillo?

Es una tendencia imperante en la sociedad. Una creencia colectiva que transmite que «lo que es demasiado sencillo, no tiene mucho valor». De ahí, que tendamos a complicarnos la existencia.

Uno de mis maestros decía:

—Lo humano es complejo, lo divino es sencillo.

Hacía referencia a que la vida y la naturaleza se rigen por normas muy simples, pese a su grandeza y complejidad. Sin embargo, los humanos nos encargamos de hacer difícil lo fácil.

La gratitud es tu guía para avanzar

La pieza clave para salir de tanta negatividad es la gratitud. Sí, incluso en aquellas ocasiones en las que nos resulta difícil encontrar algo por lo que ser agradecido.

Quizá tu primer pensamiento al leer el párrafo anterior es que a ti te enseñaron a mostrar agradecimiento siempre. Lamentablemente, ser educado y dar las gracias no es suficiente. Porque lo haces de forma automática. No tiene asociada una *emoción de gratitud.*

> Lo realmente transformador y que produce un cambio en tu sistema nervioso es esa emoción de gratitud que se produce cuando pones tu atención en algo y le das el significado de un regalo, de una bendición en tu vida.

Para ello necesitas cambiar la dirección de los focos del escenario que estás viendo y, en vez de centrarte en lo que te irrita, iluminar la parte que te agrada o te aporta un aprendizaje. Si lo piensas bien:

¿No es mucho más justo sentirse agradecido por aquello que la vida te regala? Sí, la vida te hace multitud de regalos:

- Esa persona que te acompaña en tu camino, que te entiende y trata de hacerte feliz, incluso cuando ni tú sabes lo que necesitas.
- Esa casa en la que disfrutas de tu intimidad, de tu familia, de tus momentos más personales.
- El dinero que tienes y que puedes intercambiar por cosas o experiencias para seguir creciendo en tu camino de vida.
- Ese amigo o esa amiga, la tecnología, las vistas, el transporte que te posibilita desplazarte a lugares donde te sientes privilegiado…
- Esa sociedad que, pese a que podría mejorar, es un sistema que te permite sentir seguridad, vivir sin grandes riesgos y expresarte con libertad.

¿Qué habría pasado si hubieras nacido en otro continente? Piensa en la gente que malvive sufriendo sequías, malnutrición, escasez… Pero no sientas lástima. Ten presente que han desarrollado su cerebro para focalizarse en las cosas positivas que les llegan con cuentagotas. Tú también lo habrías hecho si estuvieras allí; sí, con ese mismo cerebro que ahora te mantiene en una mentalidad negativa.

Esta tarea de *entrenarte* para buscar aspectos positivos en las situaciones más difíciles y de sentir gratitud por ellas, es totalmente accesible para ti. Requiere un entrenamiento: dirigir el *foco de atención* a aquello por lo que puedas sentirte agradecido. Al principio te costará. Te sentirás extraño agradeciendo algo que has dado por hecho porque siempre ha formado parte de tu vida. Se te olvida que podrías haber tenido una vida sin ello o, incluso, que podrías perderlo en cualquier momento.

Por ejemplo, ¿te sientes agradecido por tu estado de salud? Aunque tengas una enfermedad, tu cuerpo te permite leer este libro y disfrutar de muchas otras cosas. Quizá no todas las que te gustaría, pero... ¿vas a seguir enseñando a tu cerebro a focalizarse en tus carencias, en lugar de fijarte en todo lo que sí puedes hacer y disfrutar?

Cada día estás reeducando tu cerebro. Su formación no finalizó cuando acabaste secundaria o la universidad. Tu cerebro tiene la maravillosa capacidad de continuar modificando sus circuitos de funcionamiento. Y ahí está tu poder. La gratitud es una forma muy agradable y eficaz de domesticar a ese *mono loco* en el que a veces se transforma tu mente.

Si tienes relación con personas ancianas y sueles hablar con ellas, enseguida aparece una reflexión que se hacen a menudo: «¿De qué me quejaría yo tanto?».

Al hablar de su salud y echar la vista atrás, aseguran que no deberían haber permitido que sus síntomas adquiriesen tanta importancia en su vida.

Con la perspectiva que da la experiencia se dan cuenta de que pusieron demasiada atención en el aspecto negativo de su enfermedad y se olvidaron de «regar» los aspectos positivos pese a las molestias y el dolor. Dejaron que otras áreas de su vida se marchitasen cuando, en realidad, crecían en otras macetas y no tenían por qué haber sufrido las consecuencias de lo que pasaba en la maceta «enferma».

No permitas que esto te ocurra. Entrena tu cerebro. Utiliza la gratitud como herramienta para educar a tu mente y evitar el sufrimiento. Agradece de corazón cada día que te levantas, cada gesto amable que recibes, cada logro que has superado... Y es que la gratitud no solo se dirige a cosas externas y materiales. También encontrarás muchos motivos por los que darte las gracias a ti mismo.

Alcanzar pequeños logros, mantener ciertos hábitos saludables o hacer la vida más agradable a otras personas son motivos para sentirte agradecido contigo mismo. Cada vez que hayas invertido en ti, en cualquier cosa que te haga sentirte mejor, siéntete agradecido por habértelo propuesto y haberlo realizado.

Sentir gratitud hacia otras personas también es cuestión de entrenamiento.

Recuerda lo que mencionaba páginas atrás sobre el salario emocional que entregábamos a los demás al practicar el «dar antes de recibir». Piensa en cómo te gusta que reconozcan tu trabajo y te bonifiquen por ello con un sueldo; pues tú tienes el poder de bonificar a los demás a través de la gratitud. Cuando agradeces de manera sincera algo que alguien ha hecho, le estás entregando una *bonificación emocional*. Además, tú también sales ganando:

> Cada vez que muestras una gratitud sincera estás moldeando tu cerebro para que le sea más fácil liberarte de tu estrés interior.

Si perdonas, ganas

En este viaje de vivir libre de sufrimiento hay algo que puede estar frenando tu capacidad de avanzar: el rencor.

Ejercicio

Cierra los ojos y piensa durante unos segundos:

- ¿Alguien te hizo daño en el pasado y no lo has perdonado? Busca en tu interior, no respondas un «no» rápido ni te focalices *solo* en una persona.

Si es así, aquí tienes una gran oportunidad para mejorar tu vida. Lo sé, no es fácil. Nada fácil. Sufriste y no te lo merecías. Quizá pienses que, por lo que hizo, no se merezca ni el aire que respira. Pero con lo que hemos visto hasta ahora en este libro, ya conoces muchos aspectos sobre cómo funcionamos y cómo actuamos las personas.

Solo me gustaría hacerte ver que mantener ese rencor supone vivir desde el miedo. Miedo a volver a sufrir, a no haber aprendido a protegerte. Ese miedo supone un freno para avanzar hacia una *mentalidad saludable y* con ella, alcanzar *tu bienestar*.

La opción para alcanzar ese *bienestar* es perdonar, aceptando que esa persona no supo hacerlo mejor. Esto supone vivir desde el amor, hacia ti y hacia los demás. Si no lo haces por él, hazlo por ti. Pasa página e impregna de *amor* aquella experiencia. Simplemente porque te hizo moverte, crecer, conocerte y evolucionar.

Resumen de la tercera parte

Propósito

Potenciar aquellas estrategias mentales y emocionales que mejoran la forma de relacionarnos con los demás, enriqueciendo las relaciones sociales y su influencia en nuestra felicidad.

Aprendizajes

- La salud de tus relaciones empieza por un *orgullo* sano y el amor a ti mismo.
- Tu actitud determina tus relaciones y tienes la libertad de elegir qué actitud tomar.
- Generar emociones positivas en los demás es una gran estrategia para ayudarte a ti mismo.
- Criticar y quejarte son fuerzas destructoras que te alejan de sentir paz contigo mismo y con los demás.

Nuevos focos de atención

- Da antes de recibir, desde tu esencia y abriéndote a recibir.
- Expresa tus necesidades, tus deseos, tus miedos, muestra tu parte más auténtica.
- Desarrolla tu comunicación asertiva y la capacidad de decir «no».
- Dirige la atención a la parte positiva de cada circunstancia, busca la gratitud y comprensión para perdonar y evita anclarte en relaciones tóxicas.

Cita

«No lastimes a los demás con lo que te causa dolor a ti mismo», Siddharta Gautama, Buda.

CUARTA PARTE

TU JARDÍN EXTERIOR. CÓMO TOMARTE LA VIDA

22
Abraza el cambio y la incertidumbre

Resistirse a las normas de la vida genera un sufrimiento inútil y agotador.

El objetivo de esta cuarta parte es conocer qué claves necesitas para manejarte en la parcela de *la vida y sus leyes*; es decir, cómo interpretar la vida con una mentalidad saludable.

La mayoría aprendimos en la infancia el siguiente *silogismo*: si cumplíamos ciertas normas y hacíamos ciertas tareas, conseguiríamos ciertos resultados. La finalidad de aquella etapa era prepararnos para la vida. No obstante, la vida no funciona así. Podemos marcarnos un objetivo y hacer todo lo que se supone que hay que hacer y, sin embargo, no conseguirlo. Algo falla en el aprendizaje que realizamos.

En la vida hay injusticias, personas y eventos que no podemos controlar. Cuanto antes aceptemos esta realidad, antes evitaremos un sufrimiento innecesario. En nada ayuda oponerse a esa parte de la vida que no controlamos. Enfados, depresiones, ansiedad… disminuirían si la mente *aceptase* ciertas propiedades que determinan cómo funciona la vida. Tener presentes estas características te permitirá desarrollar una *mentalidad saludable* con habilidades como la *resiliencia*, que te alejarán del sufrimiento inútil.

¿Conoces a alguien que se queje porque después del día llegue la noche? Imagino que no. Estarás de acuerdo conmigo en que esa persona sería muy infeliz si quisiera luchar y resistirse contra esta secuencia de la naturaleza. Entonces, ¿por qué nos cuesta aceptar el hecho de que la vida es cambio continuo?

Yo era el primero al que la incertidumbre no le gustaba en absoluto. Ni en el trabajo, ni en los viajes… ¡Con lo tranquilo que se está cuando se sabe lo que va a pasar! Muchas personas, por su tipología de personalidad, se sentirán horrorizadas al leer esta frase. «Nada más aburrido que la rutina», pensarán. Otras, en cambio, hemos vivido muchos años creyendo que debíamos controlar al máximo todo para poder sentirnos tranquilos.

Si tienes esta tendencia a querer controlar, te habrás encontrado en alguna de estas situaciones: has dejado de hacer muchas cosas porque no podías ejercer control sobre ellas, o has sufrido mucho cuando tus planes cambiaban o surgían imprevistos.

Aspirar a un excesivo control sobre tu vida debilita tu autoestima. Disminuye tu capacidad de demostrarte que eres capaz de adaptarte a los cambios.

El mensaje que te estás transmitiendo es que tu bienestar depende de personas y factores externos, y que te cuesta encontrar soluciones alternativas cuando algo no transcurre como pensabas.

Ejercicio

Si estás en este grupo de *personas controladoras*, no te voy a sugerir que hagas un cambio radical. Entiendo perfectamente lo que cuesta salir de ahí.

- Sin embargo, te animo a que hagas el esfuerzo de reflexionar y sentir todo lo que te has perdido y te estás perdiendo por esa necesidad de control.

- Después, imagina cómo puede ser tu futuro si sigues así.
- Tras ello, visualiza cómo podrías sentirte si empezases a vivir más relajado, sin este afán de querer controlarlo todo.
- Elige en qué aspecto de tu vida te resultaría más fácil ir disminuyendo tu necesidad de control. Acepta una porción de «descontrol» en esa área como aceptas la noche después del día, y permítete improvisar, delegar o permitir algo más de caos del que estás acostumbrado.

Entrénate para poder disfrutarlo, observando que tiene un lado muy positivo. Y, sobre todo, aprende a *valorarte* porque, incluso *sin control*, continúas viviendo, continúas aprendiendo y continúas disfrutando de la vida.

Al hacerte consciente de estas ventajas y asumir que el *cambio continuo* es *intrínseco* a la vida podrás sentirte cada vez más feliz. Pronto verás más ventajas que inconvenientes.

23
APRENDE A SOLTAR Y ÁBRETE A LO NUEVO

El apego genera un conformismo
que te impide avanzar hacia tu destino.

Para lograr calma interior debemos aprender a **dejar ir** situaciones y personas. La vida, con su cambio constante, origina que tengamos que decir adiós a algo o a alguien. Inevitablemente, debemos *aprender a soltar* aquello que se va de nuestra vida, lo que está muerto para nosotros, sea una muerte real o imaginaria. Aferrarnos a mantener situaciones y personas en nuestra vida es como cargar una mochila repleta de cosas que ya no vamos a poder utilizar.

¿Cargarías con esa pesada e inútil mochila durante un viaje en el que quieres disfrutar?

Necesitas *dejar ir* a esa persona que ya no aporta nada positivo en tu vida, sea porque ha cambiado, sea porque la relación que mantienes con ella te hace daño —por ejemplo, tras una ruptura sentimental—. Si te aferras a esa relación, tratando de mantener a esa persona en tu vida, estás apegándote a ella. Estás derivando parte de tu energía y tu poder a esa persona.

> Inconscientemente, tu mente cree que necesitas mantener ese *apego* para seguir cubriendo tus necesidades. La realidad es que ya no las cubre.

Las rupturas de pareja son oportunidades idóneas para comprobar lo beneficioso y necesario que es practicar el *desapego*. Por un lado, nos ayudan a aceptar que la vida es cambio. Por otro, nos enseñan que cuando permitimos que esa persona siga su camino y nos permitimos a nosotros mismos avanzar por el nuestro, nos abrimos a que nuevas relaciones y experiencias lleguen a nuestra vida.

Es posible que conozcas parejas que, tras finalizar su relación, han mantenido la amistad. No digo que no sea posible ni bueno. Sino que, al principio, es necesario dejar ir esa relación, poner distancia con esa persona. Existe el riesgo de querer conformarse con **migajas de amor.** Pero será mucho más sano para ambas personas sanar las heridas y recuperar el equilibrio en la relación con uno mismo.

Disfrutar practicando el desapego no nos resulta fácil. Llevamos mucho tiempo aprendiendo que debemos cuidar las cosas, conservarlas... De pequeños recibíamos castigos cuando perdíamos algo o lo regalábamos. Se nos enseñó que el amor es para toda la vida, que los amigos de la infancia son un gran tesoro a conservar de por vida...

Puede que para muchas personas esta haya sido su realidad. Que hayan encontrado el amor de su vida en la primera relación o que mantengan a sus amigos de la infancia durante décadas.

El problema surge cuando nos sentimos mal porque ese no es nuestro caso. Para evitar ese sufrimiento, la mente puede intentar aferrarnos a una relación que no va bien o a dedicar tiempo y energía a mantener contacto con personas con las que ya no tenemos nada en común. Solo porque nos enseñaron que eso era lo normal y lo correcto.

El apego supone una pérdida de tiempo y energía que repercute en la calidad de vida.

No resulta gratuito prolongar dos meses más, ni qué decir dos años, una relación que nos hace daño. Pagamos un precio. Como tampoco lo es continuar reuniéndote con amigos con los que tienes la sensación de ser diferente, de no aportar mucho, de no tener valor... Todo ello va *mermando*, sin darte cuenta, *tu autoestima*.

EJERCICIO

Para salir de ese sufrimiento es necesario dar un par de pasos. Primero, **liberarte** de esas creencias sociales que incorporaste a tu mentalidad. Puedes hacerlo. Piensa que si te hubiera adoptado y criado una tribu africana, entenderías la muerte como algo positivo. ¿Qué mayor prueba de desapego? El objetivo es vivir con más paz interior y menos estrés, así que merece la pena, ¿verdad?

El segundo paso es **creer en ti.** Tomar la decisión de que puedes superar esa pérdida, esa relación, esa amistad o ese trabajo y vivir con la certeza de que llegarán nuevas cosas a tu vida. No por casualidad, sino porque dejarás de anclarte al pasado y te pondrás en movimiento.

Al continuar en movimiento descubrirás a otras personas, otras actividades de ocio, otras lecturas... Todo ello cambiará tu interior, te hará crecer y provocará que tu realidad también cambie. Aparecerá un nuevo escenario distinto al que tenías, en el que te quedabas apegado al pasado, a esa relación...

Cuando te resistes a *soltar* algo continúas moviéndote, pero no con toda tu energía. Inconscientemente, pones un freno que te impide desplegar todo tu potencial.

Cuando te abres a la vida, comienzan a llegar personas, situaciones, experiencias... Seguro que te ha ocurrido en algún momento de tu vida. No lo justifiques afirmando que eras más joven. Te sorprendería la cantidad de gente con más de setenta años que realiza actividades apasionantes y nuevas para ellos. Encontrarás ejemplos muy interesantes en internet. Si ellos pueden, tú también.

Por muy complicado que te parezca te aseguro que es posible. Yo mismo pude desapegarme de una relación que, tras su ruptura, me mantuvo más de nueve años en soltería; así que seguro que tú también puedes aprender a desapegarte y beneficiarte de ello.

24
La felicidad está dentro de ti

La felicidad de tu vida depende de la calidad de tus pensamientos.

Marco Aurelio

En la vida hay algo indiscutible: todos queremos ser felices. Sin embargo, no todo el mundo dedica energía y tiempo a lograr sentir esa felicidad. La búsqueda de la felicidad es algo innato durante las primeras décadas de vida. Pero a medida que se cumplen años, la mayoría de las personas tiende a retirarse de esa búsqueda.

> Muchas personas se dan por vencidas y asumen, inconscientemente, que ya no van a poder ser felices. Asegúrate de no ser una de ellas.

La felicidad tiene unas características y condiciones diferentes para cada persona. En tu caso, esas condiciones las pones tú. Si las tienes claras, te resultará más fácil analizar los motivos que tienes para sentirte feliz o desgraciado.

¿Te has sentido mal en ocasiones o has sufrido una mala temporada, pero no sabes muy bien por qué?

Conocer qué condiciones necesitas para sentirte feliz te ayudará a saber qué es lo que está fallando y dónde actuar. El problema surge cuando tenemos normas muy altas para sentir felicidad.

Si una madre para sentirse feliz tiene como condición que sus hijos no le den disgustos, y entiende como tal todo lo que ella no haría por peligroso o ilógico ¿crees que tiene posibilidades de sentirse feliz a menudo?

Por lo general, no nos paramos a analizar qué necesitamos para ser felices. Como consecuencia, nos dejamos llevar. Asumimos, de forma inconsciente, muchos aspectos de la idea generalizada de la felicidad. Creemos que si tenemos una casa, un coche, un buen trabajo, dinero para viajar en vacaciones y amigos o pareja con quien poder disfrutarlo, seremos aceptablemente felices.

La mayoría de esos requisitos que le ponemos a la felicidad son algo **externo,** ajeno a nuestra persona. El problema es que el mundo exterior cambia constantemente. Por tanto, relacionamos la felicidad con algo cambiante y externo a nosotros. Esto provoca que siempre queramos más. Es un pozo sin fondo con necesidades materiales cada vez más exigentes; puede que más bonitas, más grandes o más excitantes que la sociedad se encarga de que oigamos, veamos y palpemos. Por eso, nos resulta tan difícil alcanzar la felicidad. Siempre veremos cosas diferentes que nos harán tener más deseos, sintiéndonos insatisfechos con lo que ya hemos alcanzado.

> La felicidad es un estado interior, una decisión que depende de ti. Sentirte feliz depende de cómo analiza tu mente toda esa información que te llega del mundo exterior a través de tus sentidos.

De nuevo, el *filtro* que pongas a tu mente determinará tu realidad y tu sensación de felicidad o infelicidad. Por eso, revisa esas normas que tienes para ser feliz. Comienza a dejar de relacionar tu felicidad con los fines de semana, las vacaciones o las buenas noticias en el trabajo. Todo ello suma felicidad, pero para que sea consistente es necesario que antes hayas decidido escucharte y averiguar qué necesitas, que dependa de ti, para ser feliz.

25
Acepta y dejarás de luchar

Aceptar no implica resignación,
sino coraje para avanzar.

En lo que llevas en este mundo habrás comprobado que, de repente, la vida te da sorpresas. Algunas positivas, pero otras negativas.

¿Tienes alguna fórmula para elegir que solo te ocurran cosas positivas? Absolutamente ninguna. Ni tú ni nadie. Nadie se libra de vivir eventos desagradables. Es una de las cosas en las que sí existe igualdad en este mundo.

Por otra parte, piensa que tener la suerte de que puedan suceder cosas positivas es un privilegio. Por desgracia, muchas veces no valoramos todo lo positivo que nos sucede. Ni siquiera las pequeñas cosas que podemos apreciar cada día. No sentimos que sea un privilegio conectar con una persona, disfrutar de un atardecer o de un paisaje o incluso de una obra de arte que alguien ha tenido el don de poder crear.

Porque estamos acostumbrados a ellas y ya no las valoramos. Por ejemplo, comunicarte con familiares que están muy lejos es un regalo que te ofrece la vida. Y lo disfrutas gracias a que Dios, el universo o llámalo como quieras, le regaló al ser humano la capacidad de desarrollar esa tecnología.

Podríamos poner muchos ejemplos: descubrir paisajes diferentes o conocer cualquier tema gracias a internet; desplazarte rápida y cómodamente a países lejanos en un avión; calentar tu hogar y disfrutar de agua corriente…

Todos esos avances son un regalo que puedes valorar y tal vez no lo haces. En general, no experimentamos gratitud por estos privilegios. Sin embargo, cuando la vida nos trae situaciones que no entendemos, que no esperábamos y que de ninguna manera deseábamos, entonces sí nos resistimos a la vida y nos sentimos desgraciados. Nos sentimos víctimas de la vida, de la sociedad, de los gobiernos…

> Tenemos más facilidad para permanecer en el papel de víctima que en el papel de afortunados, a pesar del tipo de vida que podemos tener.

¿Solucionas algo cuando te resistes a esas situaciones indeseadas que te presenta la vida? ¿Acaso no son parte de este juego de vivir? Aprender a aceptar los caprichos y la incertidumbre de la vida es un buen paso para vivir en armonía. La lucha siempre desgasta. Por ejemplo, nadie quiere vivir situaciones desagradables en el terreno laboral que hagan tambalear su equilibrio económico o emocional. Sin embargo, es muy frecuente sufrir conflictos laborales o dificultades económicas antes de encontrar un puesto de trabajo o crear una empresa que nos aporte calidad de vida.

Tampoco queremos que fallezcan nuestros familiares, y todos pasaremos por ello tarde o temprano. No será una experiencia agradable, pero tenemos la opción de afrontarlo de formas diferentes. Unas serán más perjudiciales que otras para nuestro equilibrio interior.

Profundizando más en ello. ¿No es cierto que esas situaciones, después de pasarlas, te hacen salir reforzado? Piénsalo. Situaciones extremadamente duras como la pérdida de un familiar pueden traer a la larga consecuencias positivas: unirte más a tu pareja o amistades, dar verdadera importancia a ciertas áreas de tu vida o liberarte de cargas que ya no aportan nada. Incluso puede reforzar tu autoestima al valorar la suerte que has tenido de tener cerca a esa persona.

La cuestión es abrirse a sentir la *parte positiva que todo tiene en la vida*. Si lo haces, todo te resultará más fácil. No se trata de vivir en un mundo de rosas. Es algo más inteligente. Es pararse y evaluar las dos opciones que tienes y cuáles son las ventajas y desventajas de cada una.

No nos resulta fácil pasar por alto la parte negativa. La herencia cultural, nuestra historia reciente y nuestra interpretación de la religión no nos ayudan.

De hecho, hay personas que deciden alargar su agonía y sufrimiento porque les permite recibir más muestras de cariño y atención.

En este caso, la pregunta sería, ¿compensa? ¿O solo es una excusa para no hacer el esfuerzo de seguir aprendiendo a vivir?

Si reconoces que caes en esa tendencia a alargar tu sufrimiento, te invito cariñosamente a que comiences a potenciar tu aceptación de lo que venga con serenidad. No es conformismo, ni rendición, sino inteligencia emocional.

La vida no es tu rival. No es algo contra lo que puedas enfadarte y demostrarle tu enojo para que cambie de actitud.

La vida nos presenta retos y dificultades. Nuestro objetivo debe ser superarlos teniendo en cuenta que eso nos hará mejores personas, más fuertes, más sensibles y más conscientes de lo afortunados que somos por estar vivos.

Ten presente que en la vida sucederá lo que tenga que suceder y siempre podrás superarlo, sea lo que sea. Puedes conseguir fortaleza, recursos y habilidades, y tienes la capacidad de establecer relaciones. Todas esas cualidades no se te regalaron para desaprovecharlas.

Estás en esta vida con un propósito más grande que el de ver pasar los días. Quieras o no, **vas a dejar un legado.** Vas a influir en la vida de unas cuantas personas. La vida te ofrece múltiples posibilidades para ir esculpiendo ese legado. Si no aprovechas una oportunidad, la vida te brindará otras circunstancias para darte nuevamente la ocasión de crecer. Si ya has crecido, las superarás sin tanto problema como la primera vez. Si aún continúas resistiéndote, anclándote en el sufrimiento, deberás indagar para saber encontrar el lado positivo, el que te hará crecer debido a esa experiencia que te ha tocado vivir.

Aprendemos a vivir a base de superar experiencias. Pretender estar en la vida sin tener experiencias negativas, tuyas y de tus seres queridos, es alejarse de la esencia de la vida.

> Lo importante es aprender de ellas, tener el propósito de no sufrir más de lo necesario y saber pedir ayuda cuando se necesita.

A veces nos encontramos con entornos familiares, religiosos o grupales que nos incitan, sutilmente, a permanecer en el sufrimiento como parte normal del proceso. Hasta hace bien poco se vivía el duelo en las familias, con todo lo que eso significaba, durante meses o años.

Aceptar como normal el estancamiento en la vida tras un hecho doloroso trae consecuencias más negativas cuanto más se prolonga en el tiempo. Corremos el riesgo de olvidar que el tiempo que tenemos en la vida es limitado.

Pasar noches sin descansar y días sin sentirnos relajados y alegres tiene un alto coste. Sus efectos no se ven de inmediato, pero se van acumulando. Un mal día el vaso se llena y comenzamos a sufrir síntomas de enfermedad. Como no entendemos por qué aparecen esos síntomas, nos sentimos más desgraciados aún y por si fuera poco, recordamos creencias que aseguran que las malas rachas nunca vienen solas o que a perro flaco, todo son pulgas.

Entonces te sitúas en posición de perpetua víctima de una «conspiración maquiavélica de acontecimientos que pretenden impedir que levantes cabeza». Si has llegado a este estado alguna vez, sabrás que es muy difícil salir y que, por lo general, se necesita ayuda.

Debes aceptar ese momento, reconocer tu **vulnerabilidad** y acudir a un profesional.

En estos casos, los amigos, familiares... no pueden ayudarte. Son parte implicada y no están formados intelectualmente para detectar tus frenos, entender tu mapa mental y ayudarte a poner luz para salir de ese callejón en el que estás.

Ejercicio

Realiza ahora esta breve prueba:

- Repasa tu vida y encuentra aquellas situaciones duras que has vivido y que consideras que has superado.
- Analiza cuáles han sido los aprendizajes y las consecuencias positivas de haber vivido aquella situación.
- Ahora revisa si hay alguna situación de tu pasado que aún no has aceptado.
- Piensa si has adoptado de forma inconsciente un papel de víctima, de no querer superarlo, y si te ayudaría compartir tu vulnerabilidad con alguien que pueda ayudarte.

26
VIVE DESDE LA LIBERTAD

Piensa en toda la belleza que aún hay a tu alrededor y sé feliz.

ANA FRANK

La vida te ha dado la oportunidad de ser libre. De hecho, la libertad es uno de los valores más apreciados por la mayoría de la gente. Sentirse libre es una de las mejores medicinas para tu organismo. Está asociado a la emoción alegría, por lo que provoca un estado bioquímico muy positivo en tu organismo.

Para poder disfrutar esos beneficios te conviene tener claro qué significa para ti ser libre y qué requisitos necesitas en tu vida para sentir esa libertad. De lo contrario, estarás limitando esa *terapia emocional* tan sanadora. Entonces, pensemos, ¿qué significa ser libres? ¿Por qué nos cuesta tanto sentirnos libres?

Puede que definas libertad como hacer lo que quieras en cada momento, sin dar explicaciones y pudiendo elegir las opciones que más te apetezcan. Pero de inmediato piensas en tu trabajo, en tus responsabilidades familiares, en tu hipoteca… y te sientes muy lejos de esa sensación de libertad. Sin embargo, ¿acaso no son decisiones que tomaste libremente en un momento determinado de tu vida?

Por ejemplo, ocurre con frecuencia con la elección de la carrera profesional. Con dieciocho años, o incluso antes, debe elegirse la profesión que se ejercerá los próximos cuarenta años. Por lo general, hicimos esa elección desde la libertad. Incluso así, muchas personas se sienten atadas a esa decisión durante muchos años. Se dan cuenta de que no son felices desarrollando ese trabajo, pero continúan año tras año. No se ven capaces de rectificar esa decisión, la asumen como un contrato de por vida. Desde luego, en estos casos la sensación de libertad está muy restringida.

Y, sin embargo, cada vez hay más información, más ayuda y más especialistas dedicados a guiar a personas que desean reinventarse profesionalmente. Si diesen este paso, tomarían una decisión que les permitiría disfrutar más de la vida en lugar de vivir esperando que llegue el viernes y aborreciendo las tardes de domingo. A pesar de todo ello, en la mayoría de los casos pasan muchos años hasta que la persona se permite ejercer esa libertad.

Cuando sale el tema de la libertad con mis clientes, algunos me dicen que no es posible vivir en una libertad completa. Que no existe, y si existiese sería un caos.

Estos comentarios proceden de una mentalidad basada en *dos tipos de creencias*: las que idealizan la libertad como el poder hacer siempre lo que te plazca —películas, series juveniles...— y las que castigan la idea de que cada uno exprese y haga lo que necesite —creencias religiosas, protocolarias...—.

> La verdadera libertad, ese libre albedrío, consiste en que siempre tienes la opción de elegir cómo interpretar lo que te pasa y qué acciones tomar a partir de eso que te pasa.

Me gustaría destacar dos aspectos de esta idea de libertad:

1. Valora el vaso medio lleno, y medio vacío

Es cierto que no puedes elegir todo lo que te va a pasar en la vida. Sin embargo, hay un alto porcentaje sobre el que sí tienes capacidad de influir: valorar el vaso medio lleno.

Puedes decidir, y de hecho lo haces, sobre muchos aspectos de tu vida: el tipo de relación que quieres, con quién quieres estar, a qué dedicas tu tiempo… La calidad de tu vida está directamente relacionada con la calidad de las decisiones que has tomado.

Valora también esa parte del vaso que está medio vacía. Aprecia que sobre lo que no puedes decidir no son solo accidentes, enfermedades, despidos… También hay cosas maravillosas que llegan a tu vida y que tú no has decidido. Conocer a gente que te quiera, que te aporte, descubrir un buen libro, un lugar que no conocías y que te llena de paz… La vida sin esta parte del vaso medio vacía no sería igual. Se perdería esa parte de juego que tiene.

Si pudieses decidir todo lo que va a pasar en tu vida, perderías la capacidad de sorprenderte.

2. Elige tu interpretación de la realidad

El otro aspecto de esa idea de libertad que quiero destacar es que siempre podemos elegir cómo interpretar la realidad; esta posibilidad nos ofrece un enorme margen de maniobra para rectificar cuando no estamos sintiéndonos bien.

Sin embargo, uno de los frenos que encuentro con frecuencia para asumir esta libertad es la desmedida carga negativa que le ponemos al hecho de rectificar. Parece que corregir el rumbo de nuestra vida supone un **fracaso,** cuando es todo lo contrario. Nos cuesta aceptar que una decisión, tomada hace tiempo, nos conduce por un camino que, en este momento, no nos interesa y nos hace infelices.

Además, existen *tres* aspectos que disminuyen la capacidad de sentir la libertad que nos permite la vida:

- **Ceder tu poder a otros**

Volvemos aquí a abordar la cuestión sobre dónde ponemos la atención, nuestro foco en la vida. Por inercia tendemos a *poner el foco en los demás*. Y con el tema de la libertad, ocurre lo mismo.

Piénsalo. Cuando tienes que tomar una decisión relevante, ¿qué importancia tienen los demás en esa decisión? Actuamos de una determinada forma porque asumimos que es *lo normal, lo establecido, lo socialmente correcto*. Pero lo malo es que al hacerlo descartamos otras opciones que deseamos; por lo general por no hacer daño a los padres, no enfadar a la pareja o no defraudar a nadie de nuestro entorno. Es una actuación basada en la inercia y desde una motivación inconsciente. La consecuencia es que tú eres el causante de que vivas limitando tu libertad.

- **Tener criterios poco claros**

Es importante también que tengas presente qué criterios necesitas que se cumplan para sentirte libre. Esa sensación de libertad te hace sentirte en armonía con tu esencia y con el mundo; te hace quererte más, lo que mejora tu autoestima. Como ves, todo son ventajas para ti. Por ello:

> Cuanto más claro tengas cómo puedes sentirte libre, más opciones tendrás de sentir esa libertad.

¿Te suena? Seguro que sí porque es lo mismo que veíamos que ocurre con la felicidad. Ya hemos dicho que, antes de nada, te conviene aceptar que no puedes elegir lo que va a ocurrir en tu vida. Eso **no sería libertad, sería poder.**

Es posible que sientas que necesitarías dinero o tiempo para cumplir ese sueño que te haría más libre. Pensando así condicionas tu libertad a recursos externos a ti. Estás culpando de tu falta de libertad a tu trabajo, tus responsabilidades… En definitiva, a cosas que elegiste en el pasado desde tu libertad. Ahora piénsalo bien, ¿realmente es cierto que no puedes hacerlo por falta de tiempo o de dinero?

Es muy importante que revises si es un «no puedo» real o si está escondiendo otros motivos para no acercarte a tus objetivos, como, por ejemplo: «Es demasiado esfuerzo», «Tendría que superar este miedo», «No quiero exponerme al riesgo que supone».

Muchas de las cosas que quieres hacer *serían factibles si te comprometieses contigo mismo*. Ahorrando, acumulando vacaciones, formándote o cogiendo rutinas a fin de adquirir la habilidad para realizarlas...

> Cumplir tus sueños te hace sentir más libre porque haces cosas que nacen de tu esencia.

Sin embargo, encuentras excusas para posponerlos. Y, paradójicamente, sigues dedicando tu tiempo, tu energía y tu cuerpo a cosas que no surgen de tu esencia; quizá porque sí lo hicieron antes, pero ya no. O quizá porque es lo que *se supone que hay que hacer*. Sea cual sea el motivo, estás limitando tu libertad.

- **No estar en el presente**

No estamos acostumbrados a estar en el momento presente. La mente oscila del pasado al futuro, sin casi detenerse en el presente. Le damos mucha importancia al pasado, a las decisiones que tomamos y a lo que nos costó tomarlas. Al esfuerzo y el recorrido que hemos hecho desde entonces.

También pensamos siempre en el futuro y en lo que debería pasar según las expectativas creadas al tomar una decisión. Pero, sobre todo, tenemos una tendencia excesiva a imaginar escenarios futuros negativos si abandonamos lo que hacemos ahora.

Estos patrones de pensamiento limitan la capacidad de tomar nuevas decisiones acordes con las necesidades actuales que mejorarían nuestra vida. La consecuencia es que la sensación de libertad cada vez está más lejos.

27
La vida solo ocurre en el presente

Visita tu pasado y sueña con tu futuro, tienen información para ti, pero recuerda que tu hogar es el presente.

Existen varios hábitos tóxicos que nos hacen salir del momento presente. Como hábitos que son, representan acciones que hacemos desde la libertad. Son tóxicos porque desvían tu energía hacia el pasado o el futuro.

Tu energía solo puede dar fruto cuando la proyectas al momento presente.

Ejercicio

Observa los cuatro hábitos que te voy a explicar y *reflexiona sobre cuáles de ellos te resultan más habituales*. Dos te empujan al pasado y los otros dos al futuro.

Cuando vives en el pasado

1. Añorar momentos del pasado

Es muy saludable revivir y agradecer los momentos maravillosos que has vivido. Todos tenemos momentos del pasado que guardamos con mucho cariño en la memoria. El problema surge cuando comienzas a pensar que «cualquier tiempo pasado fue mejor». Te aferras a aquellos maravillosos años de tu infancia, a los primeros años de tu relación de pareja, de la universidad... y los utilizas como un referente para compararlos con tu presente. Si has idealizado aquellos recuerdos, el presente siempre sale perdiendo en esa comparativa. Al hacerlo, generas en tu cuerpo un estado emocional de *tristeza*. Es posible que no sientas esa tristeza conscientemente, pero tu organismo activa los mecanismos propios de ese estado emocional. Si, por el contrario, identificases esos recuerdos no como una pérdida, sino como una ganancia de la que disfrutaste, tu cuerpo generaría los procesos neuroquímicos propios de la emoción *alegría*.

Observa que el significado que le das a tu pasado es lo que cambia el proceso *emocional.*

La solución es dejar de comparar. *Acepta y agradece* que tienes la opción de conocer este *nuevo presente* con otras circunstancias y personas. Poniendo tu foco en el presente podrás hacer que se convierta en un bonito recuerdo que será una fuente de alegría en el futuro.

2. Lamentarte por lo que ocurrió

Algo muy similar ocurre cuando has cogido el hábito, inconsciente, de lamentarte por algo que ocurrió en el pasado y con más ahínco si ese algo dependió de ti. El sentimiento de *culpa* es un pozo sin fondo: puedes dedicarle energía, tiempo, lágrimas... pero no cambiará nada.

Si has sufrido alguna desgracia, es frecuente que ese hecho haya marcado una fase de tu vida. Pero a lo largo de esa etapa de sufrimiento descuidamos el momento presente; el único en el que podemos hacer algo por recuperarnos de esa situación, por honrar a la vida y la oportunidad que nos ofrece, día a día, de disfrutarla y de ser mejores personas.

> Anclado en el pasado pierdes la oportunidad de contribuir a dejar un mundo mejor, transmitiendo cariño y felicidad, igual que otros te los transmitieron a ti.

Cuando vives en el futuro

Los otros dos hábitos tóxicos te llevan a perderte el presente por adelantarte al futuro. Suelen darse dos tendencias: sufrir por si se llegase a producir algo que no se desea y obsesionarse con querer que ocurra algo y esperar a que llegue. En ambos casos se desperdicia la energía personal en algo que no depende de uno mismo.

3. Desear que algo no pase

Vivir el presente con temor a lo que pueda pasar en el futuro, aparte de hacerte perder el presente, es muy perjudicial para tu organismo. Este pensamiento desencadena procesos de *miedo y ansiedad,* con nocivas consecuencias para tu salud, cuando en realidad el estímulo no se ha producido. Aunque creas que solo se da en tu imaginación, el cerebro no distingue realidad de imaginación y actúa como si ya se hubiese producido eso que temes.

4. Desear que algo pase

Por su parte, desear que ocurra algo tiene desventajas. Pospones tu felicidad hasta el momento en que ocurra eso que ansías. El riesgo es que el futuro no solo depende de ti. Si se produce algo que al final impide que pase lo que deseas, tendrás una sensación de *infelicidad, de haber desperdiciado el tiempo y de tristeza* por haber perdido algo que en tu mente dabas por hecho. Y si hay un final feliz, habrás perdido la oportunidad de disfrutar del proceso. Muchas veces nos centramos en el resultado del proyecto que tenemos entre manos, y nos olvidamos de disfrutar cada paso que vamos dando.

28
VIVE JUGANDO

Cuando más creciste es cuando más jugaste.
¿Qué tal recuperar esta estrategia?

La vida te ofrece otra moneda de dos caras. En una de ellas está la alegría, la celebración, y en la otra está la seriedad y el autocontrol. Tú puedes elegir cuál usar porque tu cuerpo está diseñado para vivir en ambas.

Vivir desde la *alegría* es aceptar la vida como es. Esta emoción surge cuando te permites **fluir** en la vida, adaptarte a lo que venga y utilizar tu imaginación para diseñar un futuro feliz. Para ello, necesitas vivir el presente desde *tu amor auténtico*, compartiendo tu esencia y tus creaciones con las personas de tu círculo.

> Vivir con alegría implica entender que alcanzar tus sueños no está reñido con que la vida vaya poniendo sus tiempos y sus pruebas.

Para conseguirlo debes aceptar las leyes de la vida. Olvidamos que podemos utilizar nuestra energía para adaptarnos a ella, permitiéndonos sentir esa alegría de vivir jugando con la vida.

Se nos ha impulsado a vivir desde la otra cara de la moneda: con la seriedad, el autocontrol y el «ser realista». Hemos perdido la capacidad de imaginarnos a nosotros mismos generando nuestra realidad y consiguiendo nuestros deseos. Ignoramos que podemos conseguirlo con las herramientas y los protagonistas que nos ofrece la vida y a pesar de ellos. Con sus toboganes para deslizarnos y sus montañas para escalar y fortalecernos.

Reforzar el patrón de pensamiento que te lleva a sentir *alegría* te permite relajarte y fluir en tus tareas diarias. Te conecta con un sentimiento de que estás realizando algo más grande que la tarea concreta que desempeñas en ese momento. No te quedes en lo concreto, en la seriedad de tus responsabilidades diarias o de la realidad que te presentan los medios de comunicación.

Permítete sorprenderte como un niño de lo que va pasando en tu vida. Concédete esa sonrisa, esa capacidad de sentirte relajado simplemente por estar donde estás, por ser como eres y por compartir tus experiencias. Disfrútalo y haz que los demás lo disfruten.

Quítale hierro a la vida. Seguro que puedes hacer mucho más llevadera cualquier tarea si le quitas esa transcendencia que le has dado, como si tu vida dependiera de ello. Una avería en casa, un gasto no esperado, un disgusto de un hijo, una decepción de un amigo… Entiende que estos hechos son inherentes a la vida y que, además, tienen una *función*, la de aprender a vivir: a sortear obstáculos, a entablar relaciones, a confiar en ti…

Para poder sentir *alegría* de vivir debes tener presente todo lo que hemos hablado hasta ahora. La vida es incertidumbre, es cambio, y tú tienes el poder y la *libertad* de interpretar, para bien, lo que te ocurre.

Entendiendo estas premisas y el poder que te otorgan, la *alegría* estará mucho más presente en tu vida. Olvidarás historias de víctimas y verdugos, de injusticias y mala suerte. Eso sí, recuerda que el entrenamiento de vivir desde la seriedad, el autocontrol y la autocrítica ha permanecido contigo mucho tiempo. Es normal que recaigas en esos patrones y que te alejes de la alegría. Aun así, no creas que esto no es para ti.

> Date la oportunidad de crear el hábito de elegir la alegría frente a la seriedad y el autocontrol.

Uno de los enemigos de la alegría es el hábito, que ya hemos visto, de la *mente preocupada*. Adoptar un estado mental de preocupación limita tu capacidad de crear planes de futuro, de imaginar lo que quieres y de lanzarte poco a poco a por ello. Si crees que es bueno preocuparse por los riesgos que un plan puede traer, es muy difícil que te permitas lanzarte. Así permanecerás en la *parálisis por análisis*. Por un análisis centrado en la *posible* parte negativa. Como si esa parte no conllevase el lado positivo que supondrá el aprendizaje, el desarrollo de una nueva visión y unas nuevas habilidades.

Te pongo un ejemplo. Durante años he querido viajar a África. Me gustaría conocer sus mercados, sus pueblos y pasar alguna noche en el desierto. En mi sistema de creencias se incluía la de que «es bueno preocuparse». Por eso, nunca viajé a África, «preocupado» por el riesgo que suponía enfermar de gastroenteritis y reactivar mi colon irritable. Me estaba perdiendo muchas cosas. Si no hubiese superado esa creencia, no me habría animado a conocer Asia y todos los beneficios que esas experiencias me han aportado.

Si aprendiste esta creencia durante tu infancia, es posible que te cueste disfrutar de la emoción alegría y de todos los beneficios hormonales que genera.

EJERCICIO

Para aceptar más alegría en tu vida:

- Analiza si hay algún área de tu vida en la que estás limitando la alegría.
- Vigila si sientes temor a dejar de otorgarle tanta seriedad a ese asunto.
- ¿Qué pasaría si te permitieras fluir y relajar tu preocupación sobre ese tema? Prueba con pequeños retos. Acepta lo que para ti sean riesgos asumibles y decide probarte.

- Comienza a interpretar poco a poco una versión de ti mismo más pasota. No significa que te lances a lo loco, sino que tomes las precauciones que necesites, pero sin dejarte atrapar por la *parálisis por análisis* y el *miedo inflado*.

29
LA VIDA REQUIERE CONFIANZA

La confianza no es una garantía de éxito,
pero te asiste en el camino; la desconfianza te frena y desgasta.

Si observas el mundo en el que vivimos, las mayores crisis tienen su origen en la desconfianza. Cuando un país deja de tener confianza en sus bancos, sus políticos o en su sistema económico, la situación se agrava. Individualmente ocurre lo mismo.

> La desconfianza te lleva de manera directa a un estado de tensión que se manifiesta tanto internamente, en tu organismo, como externamente, en tus relaciones con otras personas.

Vivir con confianza ayuda a disminuir la tensión en tu cuerpo y en tu mente. La confianza es una especie de cemento que aporta estabilidad a tu equilibrio emocional.

Confiar en uno mismo y en la vida no se consigue de la noche a la mañana. Antes hay que trabajar la autoestima, superar el miedo al fracaso o la crítica, decidir centrarte en ti y dar importancia a lo que te hace sentir paz. A partir de ese trabajo, te resultará mucho más fácil confiar en las decisiones que tomes y en que la vida siempre estará de tu lado porque *sabes cómo jugar su juego.*

Confiar en la vida no significa evadirte de tus responsabilidades y dejar que las cosas vayan ocurriendo. Vivir desde la confianza consiste en reconocer el poder que tienes para diseñar la vida que quieres y en saber que las circunstancias que aparezcan en tu vida serán oportunidades para evolucionar, para ser cada vez más fuerte, más sensible y más humano.

Si pierdes la confianza cuando algo te sale mal, estarás huyendo del aprendizaje. Habrás vuelto al inicio, a vivir con tensión y deseando controlar lo máximo posible. Seguirás actuando desde el miedo y no desde el amor. Te estarás diciendo, silenciosamente, que no eres capaz de vivir relajado, que no tienes recursos para superar tus adversidades.

Aprende de tus errores

Los empresarios triunfadores son expertos en cómo gestionar el «fracaso». Tienen muy claro que aprendemos por ensayo-error. Por tanto, cada error que cometemos es un aprendizaje. ¿Qué mejor aliado que un resultado que siempre te enseña algo?

Los empresarios juegan con dinero; tú juegas con tu tiempo. Por eso, no se trata de confiar a ciegas. Vivir desde la confianza implica todo un proceso: analizar y revaluar las experiencias pasadas que nos pueden servir, conseguir la información disponible sobre el tema y abrir la mente a todas las ideas sobre el proyecto en cuestión. A partir de ahí, se toman medidas para minimizar los riesgos. Después de este proceso viene el momento de confiar.

> Confiar y vivir en un aprendizaje continuo te llevará a conseguir aquello que deseas.

Analiza si estás confiando en ti y en la vida o si, por el contrario, estás poniendo demasiadas barreras a esa confianza. Si no terminas de confiar en ti quizá lo haces para ahorrarte el sufrimiento y el esfuerzo que supondría analizar tus experiencias pasadas y extraer los aprendizajes vividos. Esos que te llevarían a no cometer los mismos errores.

Veamos este proceso en las relaciones de pareja. Cuando conocemos a una persona que nos atrae, deseamos seguir profundizando en esa relación. Esto supone un riesgo. Sabemos que podemos llegar a sufrir mucho con este «proyecto». En ese momento tenemos dos opciones:

1. La primera es basarnos en la información subconsciente, aquella que se memorizó *cuando sufrimos en anteriores relaciones*

En este caso será difícil que alcancemos un estado de confianza. Aparecerán barreras en forma de celos, quejas y críticas o no nos mostraremos como realmente somos.

Durante las primeras semanas no hablaremos de ciertas cosas o no contaremos algunos episodios del pasado, familia... Estaremos manteniendo una máscara que proteja nuestra vulnerabilidad.

Todo esto nos lleva a distanciarnos de la otra persona: no le permitimos conocernos y esa persona percibirá esta limitación. Estaremos poniendo un freno inicial a la relación. Nos perdemos así la posibilidad de crear una relación desde nuestra esencia y con ello, la oportunidad de disfrutar de esa parte de la vida que solo una pareja puede proporcionarnos.

2. La otra opción es la de la *confianza*

Pero no una confianza ciega. A estas alturas ya hemos aprendido ciertas cosas en relaciones anteriores. Conocemos el tipo de personas que no nos benefician, la clase de relaciones que nos hacen sufrir. Hemos decidido que *nos queremos demasiado* como para volver a padecer por lo mismo. Y sabemos que lo que observamos en nuestros padres puede no ser el modelo idóneo para nosotros.

Todo ese conocimiento nos hará tomar mejores decisiones sobre con quién iniciar una relación.

Deberemos ser conscientes de toda esa sabiduría, utilizarla y disfrutar de ese estado de confianza que nos ayudará a mostrarnos relajados, creciendo ante las nuevas situaciones que traerá esa relación.

No habrá necesidad de sentir una precaución constante. No intentaremos cambiar a la otra persona. También sabremos que no nos puede hacer daño quien quiera, sino quien nosotros dejemos que lo haga. Al confiar en nosotros tenemos claro que no necesitamos una media naranja, ni un soporte para sostenernos cuando vayan mal las cosas. Por eso, la confianza en la pareja y en la vida pasa por la confianza previa en uno mismo.

Además, la confianza te facilita esa clave que comentamos en la tercera parte del libro y que asegura que «para recibir, primero hay que dar».

> Cuando confías en ti y en la vida puedes establecer relaciones en las que ofreces, no en las que pides. Ya no necesitas limosnas. En la vida, el que más ofrece, más recibe.

Puede que, inconscientemente, hayas llegado a la conclusión de que es mejor desconfiar y fortificar esa área de tu vida por la que tanto sufriste. Pero deberías analizar los resultados de mantener ese bloqueo porque puede que vivas en una aceptable tranquilidad, pero... ¿está asociada a una sensación de vacío e insatisfacción? Tú decides qué quieres en tu vida. Eso sí, ten en cuenta que ni el universo te está castigando a ti más que al resto, ni tu pasado ha sido tan fuerte que te ha dejado una marca indeleble. En realidad, son **excusas** que crea tu mente para protegerte. Demuéstrale que puedes aprender y protegerte de otro modo, porque no te conformas con una vida a medias. Para lograr esta protección te ayudará desarrollar la resiliencia.

Abandonar sí es fracasar: entrena tu resiliencia

La resiliencia se define como la capacidad de una persona de recuperarse frente a la adversidad para seguir proyectando su futuro. Es algo que todo el mundo puede alcanzar a base de *entrenamiento.*

Por ponerte un ejemplo, estoy seguro de que sabes hacer cosas que yo ahora mismo sería incapaz: una receta de cocina, el cuidado de un bebé, un balance de cuentas o una técnica deportiva. Si yo decidiese adquirir esa habilidad ¿crees que lo lograría?

Seguramente, con empeño, me acercaría mucho. Si no tiene nada que ver con lo que he hecho hasta ahora en mi vida, me costará esfuerzo. Haré muchos intentos que se traducirán en «falsos fracasos». Por momentos, me plantearé que no tengo ninguna necesidad de aprender a hacer eso; me diré que no es absolutamente necesario conseguir ese objetivo. Sin embargo, si ante cada «falso fracaso» y cada momento de dificultad decido seguir adelante, coger energías y volver a intentarlo, entonces conseguiré mi objetivo.

Esa **determinación** en el proceso es la *resiliencia.* Se trata de la capacidad de levantarse una y otra vez ante las adversidades, para perseguir tu meta. Es lo contrario a abandonar, a caer en la pereza, en las excusas... Consiste en entender que fracasamos únicamente cuando abandonamos nuestro propósito. Por ello, tendremos la determinación de no abandonar. Cada «fracaso» lo veremos como un aprendizaje, como un paso más.

Siempre y cuando no nos demos por vencidos y renunciemos, todas las dificultades tendrán un lado positivo porque reforzarán el aprendizaje, nuestra capacidad de superación. En situaciones muy duras y dolorosas, la *resiliencia* te ayudará a salir herido pero no vencido. Al desarrollar esta habilidad, adquirirás la convicción de que siempre puedes seguir adelante, que eres capaz de reponerte de cualquier herida.

Para desarrollar tu confianza en ti y en la vida necesitas tener claro cuál es tu meta: *tu propósito superior.* Ese que al final de tu vida te gustaría sentir que has alcanzado. Esa meta será la moneda que insertarás en tu maquinaria para que aparezca la resiliencia.

EJERCICIO

Para ayudarte a definir tu propósito superior:

- ¿Qué y quién te inspira?
- ¿Qué te gusta hacer? ¿Qué te apasiona? ¿Qué es único y original de lo que haces?
- ¿Para quién te gusta hacerlo?
- ¿Qué es lo que las personas que te importan quieren o necesitan de ti?
- ¿Qué cambia en las personas como resultado de lo que tú compartes con ellas?

Para desarrollar ese propósito superior necesitas que *tu mente te deje vivir*. Si no encuentras ese objetivo vital, algo en tu relación contigo mismo debilita tu autoestima. Probablemente, te ocurrió algo que quedó grabado en tu subconsciente y no te permite quererte, aún, lo suficiente. Te ayudaría revisar esa parte.

30
ÁBRETE A LAS OPORTUNIDADES

Si siempre esperas la oportunidad perfecta,
perderás muchas oportunidades de hacer perfecta una decisión.

En la vida se nos presentan oportunidades a diario. Conocer gente, adquirir conocimientos y habilidades, colaborar en proyectos, ayudar a alguien... Pero ni siquiera las percibimos porque tenemos la nefasta costumbre de ir «a lo nuestro».

Por el contrario, estar rodeado de circunstancias que te hacen crecer cada día, te conduce a sentirte útil en tu entorno y feliz con la vida que llevas; y, por añadidura, establece una buena relación con las oportunidades.

Sin embargo, la mayoría de nosotros identificamos inconscientemente las oportunidades como factores de riesgo, incertidumbre y estrés.

> Las oportunidades son situaciones que tienen el potencial de traer algo nuevo a tu vida. Si para tu mente subconsciente lo *nuevo* es sinónimo de *riesgo*, tu cerebro tenderá a protegerte de esas oportunidades y, en consecuencia, a privarte de ellas.

Si estás viviendo una mala racha es fácil que tengas esta creencia: «A mí no me pasan cosas buenas». Cuando esta forma de pensar se convierte en un hábito, directamente dejas de ver las oportunidades.

Con esa mentalidad, desechas todo lo que esté fuera de tu rutina. Por ejemplo, pararte cinco minutos con esa persona con la que coincides a diario porque no lo ves como una oportunidad. Tampoco aceptar una invitación para ir de excursión con un conocido y sus amigos, porque lo percibes como una situación incómoda. Y lo mismo sucede con muchas ocasiones que surgen a diario.

Si estás pensando que hace tiempo que no percibes situaciones similares ¿no será porque llevas mucho tiempo cerrándote a esas experiencias? Entonces, tu forma de pensar y actuar te aleja de infinitas posibilidades.

Para romper este patrón de pensamiento necesitas volver a creer en la *magia de la vida*. No en la de los cuentos de hadas, sino en una realidad asombrosa que experimentaste en otras épocas y que otras personas sí están viviendo. Deja de pensar que a ti ya se te ha negado esa magia.

Cada día antes de salir de casa, recuérdate que todo lo que traiga ese día servirá para mejorar tu situación, sea bueno o no, porque decidirás utilizarlo a tu favor.

Sal con la intención de permitir que entren en tu vida cosas nuevas. Desde dar los buenos días a alguien que ves a menudo, hasta cambiar de ruta para ir a trabajar o de cafetería para desayunar. No se trata de ir buscando algo concreto. Ojo con tu *saboteador interior* si te advierte que esas conductas te convierten en un bicho raro, una buscona o en un amargado necesitado. Todo eso son creencias muy limitantes, no la realidad.

Esta disposición a crear y aprovechar nuevas oportunidades te convierte en alguien abierto a la vida, alguien que entiende que existen diferentes modos de actuar y que no quiere pasar por la vida probando una única forma. Esa actitud de apertura te hará consciente de nuevas oportunidades, porque abres la puerta a emociones e ilusiones novedosas para ti.

EJERCICIO

Una forma de comenzar a cambiar esa tendencia es generar oportunidades para otras personas. Puedes hacer que una persona se sienta atendida, valorada, importante. Cada gesto, cada palabra, cada actitud que realizas tiene implícita una oportunidad. Dispones de esa capacidad de provocar pensamientos y emociones en las personas que te rodean. Una acción o un comentario tuyo puede activar pensamientos en otras personas que les hagan cambiar su forma de ver una situación, su vida, sus creencias...

Si comienzas a utilizar tu capacidad para mejorar la vida de la gente que te rodea, estarás enriqueciendo tu día a día y pronto descubrirás que las oportunidades también te llegan a ti.

Las hay positivas y agradables como sonreír, conversar... Pero también surgirán oportunidades para enfadarte; repetir algo que ya habías hecho y no quieres hacer de nuevo... Todos esos momentos, que resultan negativos al vivirlos, son oportunidades para aprender y para conocerte mejor, revisar tus etiquetas, tus creencias y tus hábitos.

Si lo analizas fríamente, ¿dejarías pasar una oportunidad que a primera vista es muy positiva para ti?

La respuesta natural es «no». Sin embargo, muchas personas tienden a dejar pasar esas oportunidades una y otra vez. Algunas podrían ser: propuestas de viajes, citas para conocer a alguien, reencuentros con gente que puede aportarte algo, libros que te recomiendan... Si te das cuenta de que dejas pasar estas oportunidades a menudo, es hora de que revises tus miedos y tus creencias. Ignorar algo positivo para ti dice mucho del amor que te tienes.

Es cierto que durante tu infancia aprendiste que no podías fiarte de lo desconocido, porque eras indefenso y los riesgos superaban tu capacidad de defenderte. Sin embargo, es contraproducente continuar con ese patrón en tu edad adulta.

Tu principal objetivo en esta vida es sentirte a gusto con lo que eres y con lo que haces. Para ello, necesitas conocerte a ti mismo. La vida te ofrece continuas oportunidades para hacerlo. ¡Aprovéchalas!

La fórmula para profundizar en tu *autoconocimiento* consiste en aprovechar las oportunidades que aparecen continuamente en la vida y aprender de todas ellas, de las buenas y de las no tan buenas. Si extraes tus propias conclusiones de cada experiencia que vivas, esas reflexiones te ayudarán a conocerte mejor. De esta forma, nunca te reprocharás haber cogido una determinada oportunidad, no podrás considerarlo un error, porque te habrá enseñado mucho.

A menudo me encuentro con personas que no saben qué necesitan *ser* y *hacer* para sentirse bien. Yo también pasé por esta fase. Cuando me preguntan qué pueden hacer, mi respuesta está relacionada con este tema de las oportunidades. Solo *pasando a la acción* puedes conocerte. Aprovechar cualquier ocasión que surja y que te saque de tu rutina diaria, de tu zona de confort, será un gran comienzo.

Puede ser leer un libro diferente, quedar con alguien nuevo para ti o apuntarte a un curso que nada tiene que ver con tu profesión. Tienes energía para aprovechar las oportunidades y mejorar tu vida hoy mismo; no la guardes como si fuesen tus ahorros para la jubilación.

31
ACTÚA, DA EL PRIMER PASO

No te frenes por no saber qué va a pasar;
comienza a hacer que pase y los límites se irán desvaneciendo.

Tu vida es como una película. Eso sí, solo hay un protagonista principal. Y no tiene ni guion ni tomas falsas. Es acción continua, improvisada y sin pausas.

Cada uno de tus actos son moldes con los que creas tu realidad. Incluso estar parado tiene repercusión en la vida. Cuando vives de continuo sin hacer nada nuevo y repites cada día las mismas rutinas, quizá pienses que es un modo de asegurarse de que todo siga igual. Pero no es así. Pueden surgir cambios y vendrán de personas que sí están actuando en su vida, en su empresa, en sus rutinas… Tú recibirás los efectos colaterales de lo que hagan.

Por ejemplo, si tienes una pareja que es la que decide y actúa, y tú no tomas decisiones, tu realidad será consecuencia del uso que haga tu pareja de sus moldes para crear su realidad.

Tu vida dependerá de las acciones que lleves a cabo hoy. Si no actúas, estarás cediendo el poder de diseñar tu vida a los demás.

Para pasar a la acción es decisivo dar el *primer paso*. Porque tiene la capacidad de cambiar el rumbo de las cosas. Por eso, si deseas un cambio en tu vida, te conviene dar ese primer paso cuanto antes.

Imagina que se te ocurre algo que podrías hacer para mejorar tu situación actual. Lo primero que haces es analizar esa idea. Si te sientes a gusto con esa situación futura que lograrías, el siguiente paso es motivarte para alcanzarla. Hasta aquí lo solemos hacer bastante bien. Sin embargo, a partir de este punto nos estancamos. Dedicamos demasiado tiempo a investigar, a buscar las dificultades que encontraríamos, a indagar las posibles formas de hacerlo bien... Vueltas y más vueltas que frenan el avance hacia nuestro objetivo.

Para salir de ese bloqueo es importante realizar una primera acción encaminada a tu objetivo. Y lo importante es hacerla lo antes posible. Las prisas no son buenas, pero aplazar las tareas indefinidamente es peor.

Esa primera acción no tiene que ser algo perfecto ni definitivo, ya que todavía no tendrás toda la información que necesitas, ni sabrás cómo vas a realizar el camino completo hacia tu objetivo. Sin embargo, sí será decisiva para sentir que has iniciado el camino.

Dar el primer paso te hará registrar en tu cerebro que has decidido ir hacia tu objetivo y sentir que tienes el poder de hacerlo. Te habrás demostrado que lo quieres y lo vas a hacer, buscando la forma de conseguirlo, anteponiendo la acción a la perfección. Quedarte en el análisis, en la búsqueda de la perfección, no graba nada bueno en tu cerebro. Al contrario:

La parálisis y la procrastinación graban en tu mente que no consigues lo que quieres.

Imagina la perniciosa influencia que esto tiene en tu autoestima.

Sin acción, no hay atracción

Creas tu realidad a base de actuar. Pero existe un paso previo antes de pasar a la acción: crear una nueva mentalidad que se ajuste a lo que deseas en este momento de tu vida. Precisamente, lo que estás aprendiendo con este libro.

Sin esa *mentalidad saludable*, es imposible alcanzar tu bienestar. Es probable que hayas oído hablar de la *ley de la atracción* que asegura que atraemos aquello a lo que prestamos atención. Son muchas las personas que intentan aplicarla con el propósito de tener una vida más abundante económicamente. Realizan rituales y meditaciones para atraer el dinero a su vida. Por lo general, pasan los meses y los años, y no lo consiguen. El motivo es que la ley de la atracción no funciona así.

Es cierto que atraemos lo que deseamos, aquello en lo que nos focalizamos. Si te centras en la escasez presente en tu vida, todos tus pensamientos y emociones estarán relacionados con esa escasez. Por tanto, no habrá espacio para enfocar tu energía en lo contrario. Tu mente no pensará en abundancia, sino en escasez. Puedes concentrarte en visualizar mucho dinero en tu cuenta de ahorros, pero eso no será suficiente.

Antes, necesitarías realizar dos pasos previos:

1. Revisar las creencias limitantes que tienes sobre tu objetivo

En este caso, el dinero. Continuando con el ejemplo anterior, si tienes alguna creencia que asocia el dinero con algo negativo, corrupto o con la idea de que te alejará de la gente que te rodea, será un freno que te impedirá alcanzar la abundancia que deseas.

Tu cerebro te estará protegiendo, inconscientemente, de lo que entiende que es un peligro. Para él, basándose en tus creencias, si comienzas a visualizarte y actuar como una persona con mucho dinero, puedes convertirte en alguien indeseable, solitario o estresado. Por eso, es necesario un proceso de *autoconocimiento*, para cambiar los aspectos de tu mentalidad que no se ajustan a lo que deseas en tu vida.

Ocurre lo mismo con la búsqueda de un empleo mejor, una pareja estable y fiel…

2. SEGUIR LA SECUENCIA *SER-HACER-TENER*

Antes de *tener*, necesitas *ser* y *hacer*. El *ser* lo trabajas cambiando el sistema de creencias y emociones respecto a tu objetivo. Y después viene el hacer. No puedes pasar del *ser* al *tener* —abundancia, pareja…— sin antes *hacer*, sin pasar a la acción. Para ello, debes empezar a sentir que ya «eres» esa persona, que ya has conseguido tu objetivo, emulando las emociones que sentirás cuando realmente lo logres. Has de imaginarte en ese nuevo estado, explorar las emociones que surjan y resolver los conflictos que aparezcan en tu mente hasta que te sientas capaz y merecedor de lo que deseas. Después, podrás dar el primer paso del *hacer*.

La energía que generan tus pensamientos necesita transformarse en movimiento: en acciones que certifiquen a tu mente que eres capaz de vivir conforme a esa mentalidad, consiguiendo ese objetivo. De este modo, le llegarán estímulos de que lo mereces, lo disfrutas y que es seguro para ti.

> Tras preparar tu «ser» y comenzar tu «hacer», tu autoestima, tus creencias y tu fisiología estarán preparadas para dar los pasos necesarios que te llevarán a «tener» tu objetivo.

Recuerda que tus pensamientos no te mueven ni un ápice de donde estás. Son la base donde se sustentan tus actos, pero necesitas focalizar tu energía hacia tu objetivo. Esa energía crea una **inercia** que te acercará a tu bienestar. Un bienestar que es solo tuyo y que, por tanto, requiere de acciones que solo tú puedes decidir y realizar.

Cuidado con la procrastinación

Para disfrutar de la vida es importante tener presente a qué dedicas tu energía. ¿Estás dejando pasar el tiempo? ¿O estás haciendo lo que necesitas hacer para conseguir el cambio que deseas?

La *parálisis por análisis* es una epidemia en la época que nos ha tocado vivir, la era del conocimiento. Tenemos a nuestra disposición muchísima información gracias a internet. Pero esto también tiene su contrapartida. Incluso, se ha acuñado el término «infoxicación» para expresar la intoxicación por exceso de información. Ocurre cuando acumulamos tal cantidad de artículos, vídeos... sobre un tema, que al final no somos capaces de consumir toda esa información. Esto provoca que nos sintamos desbordados e incapaces de tomar la decisión que pretendíamos cuando iniciamos la búsqueda.

Y para evitar sentirnos culpables por esta parálisis utilizamos otra estrategia. Nos dedicamos a hacer otras muchas cosas que nos sirven de *excusa,* inconsciente, para decirnos a nosotros mismos que no tenemos tiempo para ese tema tan importante. De esta forma, nos mantenemos en nuestra zona de control, a pesar de que a diario hagamos cosas que no nos satisfagan.

> Las actividades rutinarias nos «libran» del riesgo de exponernos a algún miedo, a la crítica o al fracaso.

Así pasan los días, mientras desgastas tu energía y tu cuerpo en tareas que no son importantes para ese cambio que necesitas. Te dejas llevar por la urgencia del día a día; por cumplir con las obligaciones, los horarios y las rutinas, y no sacas tiempo para lo realmente importante para ti.

Por ejemplo, si te defines como una persona a la que le gusta el contacto con la naturaleza y estar en buena forma física, necesitas tomar una decisión que logre una coherencia entre lo que haces en tu vida y lo que piensas y sientes de ti mismo. Puedes pasarte los días buscando en internet información sobre actividades de montañismo los fines de semana, sitios donde realizar escalada, rutas de montaña para hacer en vacaciones... Todo eso ya está movilizando tu energía para satisfacer ese aspecto intrínseco a tu forma de ser.

Sin embargo, hasta que no ejecutes tu propósito, hasta que no acudas a esas clases u organices tus fines de semana para salir a la montaña, tu cuerpo no sentirá que esa necesidad está cubierta y el malestar continuará.

Por eso, es importante que te fijes en si practicas el hábito de la procrastinación, ese que nos empuja a posponer continuamente las tareas pendientes. Esto implica tener siempre la idea en la cabeza de que debes hacer algo y, sin embargo, no hacerlo. Y aunque parezca una incongruencia, porque sabes que hacerlo te sentaría muy bien, se debe a que hay algo que te frena.

Y ese freno otra vez es el *miedo* en alguna de sus formas: miedo a equivocarte, a perder el tiempo, a ser juzgado, a llamar demasiado la atención, a gastar demasiado dinero, a que te guste demasiado y te lleve a tomar nuevas decisiones más importantes e incómodas para ti o para las personas de tu entorno...

Ese miedo hace que tu cerebro encuentre un mecanismo para huir y *autojustificarse*: busca otras responsabilidades que le impidan continuar en esa línea.

Mis sesiones de trabajo con clientes me han llevado a observar cómo todas las personas, incluido yo mismo, hemos tenido un deseo intenso de realizar determinadas acciones o actividades; pero, en cambio, nos hemos buscado otras tareas y responsabilidades que frenaban la capacidad de realizarlas.

Me viene a la cabeza una de mis clientas: una mujer que deseaba tener pareja. Sobrepasaba los cuarenta años y llevaba once soltera. Su trabajo le obligaba a viajar constantemente. Cuando conocía a alguien, tan solo podían coincidir en el mismo lugar dos o tres semanas. Ella deseaba tener una relación estable pero su hacer no expresaba lo mismo.

Al explorar su mentalidad, se dio cuenta de que estaba obstaculizando una relación sentimental sólida por lo mucho que había sufrido en su única relación estable que había durado más de diez años, pero en los últimos cuatro había ocasionado demasiado sufrimiento. Tras finalizar aquella relación, decidió darse un tiempo y cambiar su estilo de vida.

Sin embargo, posteriormente, quiso crear otra realidad distinta, una familia, pero no era capaz de pasar a la acción y tomar nuevas decisiones para alcanzar ese objetivo. Así pasó años. Su zona cómoda, la de seguir viviendo de forma nómada, ya no era agradable para ella porque limitaba su deseo de una relación estable. Pese a ello, mantenía su inercia y dejaba pasar el tiempo, posponiendo la decisión de hacer algo para cambiar. Tras un trabajo de autoconocimiento, fue consciente de que estaba alargando su agonía y de que no había coherencia entre lo que ella quería y lo que hacía. Se debía a su creencia de que las relaciones sentimentales constituían una fuente de dolor.

Por tanto, no permitas que la **incoherencia** persista en tu vida. En el momento en que sientas que necesitas pasar a la acción, comprométete contigo y márcate un plan. Si notas que tienes resistencias, párate. No estarás perdiendo el tiempo. Estarás dándote la oportunidad de observarte y entender qué te está frenando. Pide ayuda si lo necesitas, pero no te rindas, no te conformes. Tu vida es el mejor regalo que has recibido. Otros no han tenido tanta suerte como tú. Demuéstrate que quieres aportar tu esencia a este maravilloso mundo que te ha acogido y hacia el que sientes tanto agradecimiento.

> La grandeza del universo es inmensa. Nunca pienses que ya te ha dado todo lo que te podía ofrecer.

Si te abres a recibir, también abres tu mente y mueves tu cuerpo; el universo te aportará abundancia en forma de paisajes, personas, animales, plantas, creaciones de artistas... Mereces disfrutarlas y compartirlas. Si hasta este momento tu mentalidad no te ha ayudado, ahora sabes que puedes cambiarla. Hazte ese regalo.

Regálales **vida** a tus días, **amor** a las personas de tu entorno y **bienestar** a ti mismo.

VIVE CON DETERMINACIÓN: COMPROMÉTETE CON TU BIENESTAR

La mayoría de las personas hemos pasado épocas en las que nos costaba pasar a la acción. No es que estuviésemos paradas, sino que funcionábamos en piloto automático. Sabíamos que debíamos hacer algo para cambiar de trabajo, de piso, de ciudad… y, sin embargo, nos encontrábamos paralizadas. Si te reconoces en esta situación, además de cambiar tu mentalidad, necesitas dar estos dos pasos:

- **Definir bien tu objetivo,** es decir, que sea *alcanzable* y con unos *plazos* de tiempo para el proceso. Y, sobre todo, que *dependa de ti.*
- Elaborar un **plan** para conseguir lo que quieres.

Por ejemplo, conozco a muchas personas que llevan años diciendo que les gustaría hacer el Camino de Santiago. Pasa el tiempo y siguen deseándolo, pero no realizan ese sueño. Aunque no se dan cuenta, cada vez ven más lejos la posibilidad de cumplirlo.

Cuando defines tu objetivo estableciendo fechas concretas, desde dónde hasta dónde quieres llegar en cada plazo y cómo lo vas a hacer, te resulta más fácil pasar a la acción. Una forma de lograrlo es ponerte pequeñas metas: buscar información de la ruta, ahorrar para el material, entrenarte para hacer marchas diarias… Pero la mayoría no llega a esta fase. Se frenan porque no saben con quién hacerlo, si su amigo podrá o no, si le concederán en el trabajo los días necesarios… Y ahí, es donde debes estar atento.

> No tienes que conocer todos los detalles antes de dedicar tu energía a conseguir tus sueños. Lo que necesitas es el compromiso contigo mismo de hacerte ese regalo. Lo demás irá llegando a su debido tiempo.

Si no puedes hacerlo con un amigo, lo podrás hacer con otro grupo, asociación o en solitario. Si calculas que te falta dinero, renuncia a pequeños gastos diarios para ir ahorrando. Si no sabes cómo te vas a encontrar físicamente, puedes ir adaptando la longitud de las etapas a medida que vayas recorriendo el camino.

Empezar con los preparativos es una oportunidad para adueñarte de tu mente. Estarás equilibrando lo que quieres y necesitas con lo que haces. Disfrutarás de todo el proceso, desde que te comprometes hasta que lo logres. Incluso si no lo consigues a la primera o modificas la idea inicial, todo el proceso será creación tuya. Una obra de arte que nadie podría hacer como tú, con tu forma de idearla, prepararla y disfrutarla.

Este paso, empezar a moverte tras comprometerte, es una gran muestra de amor a ti mismo. Una forma de romper esa creencia de que no sabes quererte, de que siempre pones a los demás por delante o de que no tienes idea de lo que necesitas en tu vida.

Sabes que tu pareja o tu mejor amigo te quieren porque te lo demuestran, porque hacen algo por ti cuando lo necesitas. Aplica esa misma lógica para demostrarte a ti mismo que te quieres, que quieres regalarte una vida más agradable, más tranquila y más placentera. Una buena vida para ti.

Resumen de la cuarta parte

Propósito

Aceptar las leyes y propiedades de esta experiencia llamada vida, para no desgastar tu energía resistiéndote a aquello que no depende de ti.

Aprendizajes

- La necesidad de control y la resistencia al cambio influyen negativamente en tu vida y tu autoestima.
- Aceptar los obstáculos de la vida es el camino para mejorar tu existencia y tu legado.
- Desarrollar la confianza y aprovechar las oportunidades aumenta tu capacidad de vivir como deseas.
- Vivir con más alegría depende de tu capacidad para debilitar tu hábito de la preocupación y tu resistencia a fluir y a disfrutar del juego de vivir.

Nuevos focos de atención

- Deja ir aquello que ya no te aporta bienestar, acepta el desapego como una estrategia saludable.
- Ejerce la libertad de elegir cómo interpretar lo que te pasa y qué hacer con ello.
- Dirige tu energía al presente frente a añorar y lamentar el pasado y frente a anticipar los deseos y miedos del futuro.
- Da el primer paso de cada proyecto cuanto antes.

Cita

«Comienza a hacer lo que quieras hacer ahora. No estamos viviendo en la eternidad. Solo tenemos este momento, brillando como una estrella en nuestra mano y derritiéndose como un copo de nieve», Francis Bacon.

Recomendaciones finales

Después de mostrarte cómo funciona tu mente y la gran repercusión que tiene en tu salud y en tu actual vida, deseo que leer este libro se convierta en el *primer paso* para alcanzar tu bienestar. Ese paso será comenzar a funcionar con una *mentalidad saludable* y, de este modo, demostrarle a tu mente que has decidido comprometerte para lograr la vida que deseas.

Ahora que dispones de una guía, este libro y sus herramientas, eres una persona mucho más preparada para *confiar* en que puedes cambiar tu vida y *pasar a la acción*.

Si sientes que es difícil, si sufres porque te gustaría estar en otra circunstancia, si desearías no tener que hacer este esfuerzo, te entiendo perfectamente. Pero estas sensaciones surgen porque te estás rigiendo por tus **antiguos patrones mentales.** Empieza por comprenderlos y aceptarlos. Solo con ser consciente de ellos, ya habrás dado un gran paso. Quieren que permanezcas en tu *incómoda* zona de confort porque creen que si empiezas a cambiar las cosas, sufrirás más. Son tus fantasmas. Y a la vez las cadenas que te impiden vivir una vida extraordinaria.

A modo de resumen, te propongo estas recomendaciones finales para avanzar día a día hacia esa vida extraordinaria:

- **Acepta y ama** todo lo que has vivido, tus circunstancias pasadas, las personas que te han hecho crecer… Mira a tu pasado con amor sincero. Puedes escribir una carta a tu pasado y después quemarla o romperla. Saca de ti todo lo que no te sirve y siente esa liberación de agradecer, perdonar y observar tu historia desde el amor, y no desde el miedo.

- Saca a relucir **tu *yo* más auténtico.** Primero contigo y después con los demás. Recupera tu orgullo sano dirigiendo tu atención a las cosas positivas que has vivido y creado. Después, evalúa tus *etiquetas*: las que tú te pones y las que te ponen los demás. Comienza a hacer pequeñas acciones para demostrarte que eres más que esa versión que se ha conocido de ti hasta ahora. Elige las etiquetas que menos te gusten y comienza a jugar hacia el extremo opuesto.
- **Escoge** aquellas pautas de *mentalidad saludable* que te resulten más fáciles de incorporar a cada jardín: agradecer cada noche al acostarte, disminuir el número de quejas que realizas, establecer una comunicación más asertiva con determinada persona o disminuir el número de *preocupaciones*. Paulatinamente, irás viendo los resultados y podrás ir añadiendo nuevos hábitos.
- **Obsérvate y disfruta** del proceso. Dale más importancia al momento presente y permítete ir soltando algo de control y apego. Empieza por aquello que te resulte más sencillo. Llegarán a tu mente preguntas que has trabajado en este libro: ¿en qué te enfocas ante determinadas emociones?, ¿qué procrastinas?… Puedes aprovecharlas para disfrutar observándote y probando nuevas formas de ser tú.

¿Aceptas comenzar a vivir con más tranquilidad y claridad mental? Lee y relee los capítulos que necesites, subraya, toma notas de tus reflexiones, hazle fotos a las frases que más te han llamado la atención. Y ponlo en práctica. Empieza ya, desde hoy.

Tienes todo lo que necesitas para disfrutar esa vida de bienestar que solo tú puedes ofrecerte. ¿Confías en ti? Yo sí.

Entrena tu mentalidad saludable. Utiliza tus recursos y tu esencia. Recuerda que el único fracaso es abandonar.

Sé que puedes. Y sé que te lo mereces. Trátate con amor y… ¡Déjate vivir!

Mi primer e-book

Dos años antes de escribir *Mente, ¡déjame vivir!,* había dado mis primeros pasos como escritor creando un pequeño *e-book* en el que hablo de la importancia de la mentalidad para recuperar la salud. Se titula *Salud y Mentalidad.*

En él presento cinco pasos que todos podemos dar y que nos ayudan a resolver algunos síntomas que todos solemos tener y que reaparecen cada cierto tiempo: contracturas, migrañas, insomnio, ansiedad…

En realidad, el *e-book* se convierte en una **guía de crecimiento personal,** con cinco pasos que te ayudan a mejorar tu bienestar.

Estos cinco pasos son:

1. Reenfóca-te. Deja de poner tu atención fuera de ti.
2. Crée-te. Confía en el potencial de tu cuerpo.
3. Siénte-te. Investiga el aspecto emocional relacionado con tu situación.
4. Empodéra-te. Huye de sentirte como una víctima.
5. Reprográma-te. Incorpora patrones y hábitos que te beneficien.

Despedida

Ha llegado el momento de la despedida. Si has leído hasta aquí, significa que este libro ha llegado a tus manos en el momento preciso. Te felicito por haber abierto la puerta a la posibilidad de **vivir mejor,** con un jardín interior bien cuidado que te permita disfrutar de tu vehículo y del resto de los jardines.

Sé que leyendo un libro no se solucionan los problemas. Esto es un trabajo continuo. Sobre todo, las personas que no tenemos la suerte de llevar de serie la positividad, el optimismo, la alegría… Por ello, nos viene muy bien recibir estímulos que nos ayuden a priorizar lo importante, a relativizar los problemas, a entender qué nos pasa…

Me siento muy agradecido de que mi libro haya sido uno de esos estímulos.

Si quieres tener información de mis cursos, talleres o conferencias, podemos estar en contacto a través de las redes sociales: Facebook e Instagram.

Para temas más personales, si quieres iniciar un proceso de *coaching* o proponerme alguna colaboración, no dudes en escribirme a info@eduardollamazares.com.

De momento, me despido de ti y espero coincidir muy pronto contigo. Estoy seguro de que la vida nos dará más oportunidades de recorrer una parte del camino unidos de alguna forma. Yo estaré encantado de que así sea. ¿Tú?

Un abrazo.

Eduardo

Bibliografía

Dispenza, J. (2012), *Deja de ser tú,* Urano, Barcelona.

Dyer, W. D. (1978), *Tus zonas erróneas,* Grijalbo, Barcelona.

Lipton, B. H. (2016), *La biología de la creencia,* La esfera de los libros, Madrid.

Luna M. (2015), *Psicología del éxito,* Corre la voz, Barcelona.

Nieves, R. (2017), *Cree en ti,* Planeta, Barcelona.

Puig, M. A. (2011), *Ahora yo,* Plataforma, Barcelona.

Santandreu, R. (2011), *El arte de no amargarse la vida,* Ediciones Oniro, Barcelona.

Stamateas, B. (2013), *Emociones tóxicas,* Ediciones B., Barcelona.

Bibliografía